Comentarios acerca de
La Experiencia del Alma Gemela

"¡Qué hermoso libro! Libre de las trampas de la jerga espiritual o psicológica, *La Experiencia del Alma Gemela* es una guía sencilla para una manera de ser completamente auténtica. De manera simple y personal, Mali y Joe nos acompañan hacia un nuevo paradigma de relaciones donde se puede realmente conocer y vivir la verdad del amor incondicional".

"Mali y Joe llegan al corazón de los corazones".

"Leer este libro es como escuchar a un amigo que te conoce más que nadie y te ama incondicionalmente".

"*La Experiencia del Alma Gemela* me ha dado literalmente una nueva manera de ver mi vida".

"Un libro verdaderamente maravilloso: fácil de leer y de incorporar, práctico, alegre, lleno de compasión y aliento. Uno de esos libros que puedes leer por algunos momentos y transformar tu día".

"Estás en buenas manos con Mali, Joe y *La Experiencia del Alma Gemela*. Sus almas, mentes y corazones amorosos han venido a cambiar el mundo tal como lo conocemos".

"Este libro demuestra lo que es la conexión a nivel del alma y cómo la podemos cultivar, con muchas sugerencias y maneras para que las parejas lo hagan juntas".

"El planeta necesita este libro tan pronto como sea posible".

"Esta es una excelente guía si estás buscando una relación con tu alma gemela; no sólo con una persona especial, sino con todos los que conozcas".

"Mirar a los conflictos como una oportunidad para crear una conexión más profunda con mi esposo dio vuelta a mi forma de pensar e hizo que mi amor fuera más profundo".

"¡Gracias por ser parte de la sanación del mundo!"

"¡Qué placer leer este libro! El lenguaje es tan natural,
es tan fácil identificarse con las historias y los consejos
son tan prácticos; me sentí como si estuviese
sentado alrededor de una mesa conversando con los autores".

"Compra este libro incluso si crees que no lo necesitas.
Los mensajes que contiene transformarán tu vida y tus relaciones".

"Mali y Joe ofrecen inspiración y seguridad a cada paso del camino".

"No importa cuántos libros sobre relaciones hayas leído,
éste es *el* libro que te da las herramientas para atraer un alma gemela,
y encontrar soluciones a las dificultades de cualquier relación
que permitirán que florezca la experiencia del alma gemela".

"Gracias por compartir sus maravillosas enseñanzas
y su manera de estar juntos en este mundo".

"Como pareja de casados, estamos encantados con este libro.
La Experiencia del Alma Gemela es una lectura fundamental
para todos aquellos que desean atraer el amor hacia ellos
y sanación hacia el mundo".

"Cuando pienso en estar frente a ustedes dos, me siento inundada
de paz y amor. Gracias por estar aquí, y por estar alerta".

"Tengo la necesidad de leer este libro una y otra vez. Ha hecho
una gran diferencia al momento de conocer nuevas personas".

"Este libro no se trata sólo de crear relaciones de alma gemela
con los demás. Se trata de amarte lo suficiente como para
estar abierto a dar y recibir amor. ¡Quiero comprar
un millón de copias para todos mis amigos!"

"Me encantan las ideas y conceptos, y especialmente
la cantidad de sugerencias prácticas y fáciles de comprender".

"El mundo es un lugar mejor porque ustedes
dedican todo este cuidado".

"Adoro este libro. ¿Creen que se casaría conmigo?"

LA EXPERIENCIA
del ALMA GEMELA

Una guía práctica para crear relaciones extraordinarias

Mali Apple y Joe Dunn

San Rafael, California

Copyright © 2011 por Mali Apple y Joe Dunn. Traducción © 2013 por Mali Apple y Joe Dunn.

Todos los derechos reservados. Prohibida la reproducción de esta obra por cualquier medio sin la autorización escrita del editor, excepto en el caso de breves fragmentos con el propósito de proporcionar una crítica.

Publicado por A Higher Possibility, San Rafael, California
www.ahigherpossibility.com

Traductor: Clarity Translations
Editor: Miguel Hernández Lamas
Foto de los autores: Dominic Colacchio
Foto de Michael Naumer: Mary Small

Foto de portada, superior: Copyright Serghei Velusceac, 2013. Inferior: Copyright Héctor Fernández Santos-Díez, 2013. Usado con autorización de Shutterstock.com.

ISBN 978-0-9845622-2-0

Para Joe

*Por estar tan dispuesto a explorar
todo lo que significa estar enamorados
Por alentarme tiernamente a ser todo aquello
que tengo el potencial de ser
Y sobre todo, por abrir mi corazón*

Mali

Para Mali

*Mi amante, mi maestra espiritual y mi mejor amiga
Siempre estaré agradecido por esta oportunidad
de vivir la vida contigo a corazón abierto*

Joe

Índice

Acerca de nuestra experiencia del alma gemela	i
Introducción	iii

Parte 1: Crear tu experiencia del alma gemela

1	Cambiar tu mentalidad	3
2	Amar tu cuerpo	29
3	Aligerar tu equipaje	49
4	Aumentar tu potencial de alma gemela	75

Parte 2: Mantener viva tu experiencia del alma gemela

5	Tener un invitado en tu vida	89
6	Crear un contexto	113
7	Generar un espacio	133
8	Convertir las expectativas en invitaciones	153
9	Transformar la energía de los celos	177
10	Jugar a la pídola	213
11	Explorar los límites	233
12	Conectarse a nivel del alma	257

Técnicas y preguntas transformadoras	273
Preguntas para discusión	276
Agradecimientos	280

Acerca de nuestra experiencia del alma gemela

Como muchas otras parejas nuevas, nosotros experimentamos un sentimiento de conexión muy profundo, casi mágico, algo que muchos describirían como una conexión de almas gemelas. Pero en lugar de desaparecer gradualmente, como ocurre a menudo, el amor y la pasión que estábamos experimentando en realidad continuó creciendo. Con el tiempo, nos sentimos inspirados —e incluso obligados— a investigar qué era lo que hacía posible esta "experiencia del alma gemela". *¿Qué era lo que mantenía viva la magia?*

A medida que dedicábamos nuestro tiempo y nuestra relación a explorar esta pregunta, comenzamos a asesorar a personas solteras y a parejas para que aplicaran nuestros hallazgos de manera que pudieran transformar sus propias vidas. Nos emocionan cambios rápidos que vemos en las personas que inspiramos y asesoramos. Gente de todo el mundo dice que se siente más amorosas y más receptivas hacia ellas mismas, más conectadas con quienes las rodean y más seguras de la posibilidad de crear su propia experiencia del alma gemela. Y muchas de esas personas ya lo están haciendo.

Este no es simplemente otro libro sobre relaciones. Muchas de nuestras ideas son poco convencionales. Pero además *funcionan*.

La gente nos dice a menudo que somos la pareja más feliz que han conocido. Ellos ven cuán conectados estamos, y quieren saber nuestro secreto. Éstos son nuestros "secretos", todas las ideas, herramientas y técnicas que usamos para crear constantemente una vida mágica juntos.

Utilizamos estas ideas para permitir que las cosas que surgen en toda relación —desde temores y expectativas, hasta los celos y el resentimiento— mejoren nuestra experiencia, en lugar de opacarla.

Utilizamos estas ideas para guiarnos mutuamente y con amor a abrirnos a todo aquello que tenemos el potencial de ser.

Utilizamos estas ideas para mantener vivos el amor, la pasión y la diversión, *todos los días*.

Creemos que a medida que incorpores al menos algunas de estas ideas en tu propia vida, todas tus relaciones —incluyendo la que tienes contigo mismo— comenzarán a sentirse más amorosas, más conectadas y más satisfactorias. Te sentirás seguro, emocionado e inspirado. Y te darás cuenta de que tienes todo lo que se necesita para crear *tu* experiencia del alma gemela.

Con amor,

Mali y Joe

Introducción

¿Ansías encontrar un alma gemela, alguien con quien te sientas profundamente conectado a nivel emocional, físico y espiritual? ¿Estás listo para finalmente tener *tu propia* experiencia del alma gemela?

Para hacer realidad tus sueños de tener una relación como ésa, no necesitas ser uno de los pocos afortunados. En lugar de ansiar o esperar a que tu alma gemela aparezca, hay cambios fundamentales que puedes implementar ahora mismo para atraer esa experiencia hacia tu vida.

Las posibilidades que se presentan en este libro, y las historias esperanzadoras de personas que las ponen en práctica exitosamente, te darán el conocimiento y la inspiración para crear y mantener tu propia experiencia del alma gemela.

Parte 1:
Crear tu experiencia del alma gemela

Las relaciones con potencial de alma gemela son mucho más frecuentes de lo que podrías imaginar. El problema es que no siempre estamos disponibles para que sucedan. Las ideas y ejercicios en la **Parte 1: Crear tu experiencia del alma gemela** están diseñados para ayudarte a identificar y despejar cualquier cosa que pueda estar evitando que tengas una relación con una profunda conexión. Al estar *disponible* para la experiencia del alma gemela, la *atraerás* naturalmente hacia tu vida.

- **Capítulo 1: Cambiar tu mentalidad** presenta un poderoso proceso para identificar y "mejorar" actitudes y creencias que no están produciendo las experiencias que tú deseas. También aprenderás cómo modificar tu experiencia cuando aparecen sentimientos como la falta de confianza, los celos o el enojo.

- **Capítulo 2: Amar tu cuerpo** te ayudará a acallar tu voz autocrítica, a verte sin juzgarte y a tratarte con más compasión y aprecio. Descubrirás por qué aceptar, apreciar e incluso amar el cuerpo que tienes actualmente aumenta tu disponibilidad para vivir la experiencia del alma gemela.

- **Capítulo 3: Aligerar tu equipaje** te dará técnicas simples y efectivas para soltar los sentimientos de soledad, duda o ansiedad, liberándote del resentimiento y aumentando verdaderamente tu sentimiento de valor.

- **Capítulo 4: Aumentar tu potencial de alma gemela** te ayudará a cultivar cualidades que harán que sea mucho más fácil manifestar una relación verdaderamente conectada.

INTRODUCCIÓN

Parte 2:
Mantener viva tu experiencia del alma gemela

Tan importante como atraer tu experiencia del alma gemela es crear un ambiente para que ésta prospere. La **Parte 2: Mantener viva tu experiencia del alma gemela** te dará herramientas y técnicas para abordar el aspecto más desafiante de las relaciones de formas que los acercarán más a ti y a tu pareja.

- **Capítulo 5: Tener un invitado en tu vida** presenta el modelo del alma gemela para crear relaciones extraordinarias. Este iluminado enfoque con respecto a tener una pareja te ayudará a asegurarte de que tu relación continúe siendo amorosa, vibrante y conectada.

- **Capítulo 6: Crear un contexto** explora cómo crear una intención para su relación, la cual los guiará y les brindará apoyo a medida que la relación se adapta a las circunstancias cambiantes y se expande en nuevas direcciones.

- **Capítulo 7: Generar un espacio** te ayudará a crear un espacio seguro, amoroso y receptivo para que tu relación aliente a ambos a compartir sus sentimientos, deseos y pensamientos más profundos. También descubrirás cómo abordar los cambios y los desafíos de maneras que *aumenten* el amor y la intimidad entre ambos.

- **Capítulo 8: Convertir las expectativas en invitaciones** explora lo que puede ser la mayor amenaza para cualquier relación: las expectativas. Obtendrás una técnica invaluable para transformar las *expectativas* potencialmente destructivas en *invitaciones* simples y amorosas.

- **Capítulo 9: Transformar la energía de los celos** te mostrará cómo aprovechar esta poderosa emoción para aumentar la pasión, el aprecio, y el deseo en tu relación. También descubrirás la profunda intimidad que resulta de explorar juntos las causas subyacentes de los celos.

- **Capítulo 10: Jugar a la pídola** demuestra formas poderosas de ayudarse mutuamente a curar de las heridas del pasado y a superar las limitaciones que perciben. También descubrirán cómo alentarse e inspirarse el uno al otro para desatar su potencial en todas las áreas de sus vidas, y ser la mejor versión de ustedes mismos.

- **Capítulo 11: Explorar los límites** te muestra cómo mantener vivos el misterio y la emoción en tu relación "jugando en los límites" de maneras que son divertidas e íntimas. También aprenderán cómo energizar su conexión sexual ayudándose mutuamente a traspasar las creencias que los limitan acerca de ustedes mismos y de su sexualidad.

- **Capítulo 12: Conectarse a nivel del alma** presenta cinco prácticas sencillas que son el centro de una relación a nivel del alma. Estos métodos, que son la base de todas las ideas de este libro, tienen el poder de hacer que cada aspecto de tu relación —y de tu vida— sea más alegre, gratificante y satisfactorio.

INTRODUCCIÓN

A quién está dirigido este libro

Ya sea que estés buscando una pareja o que ya tengas una, este libro contiene la orientación, herramientas y técnicas que necesitas para crear una relación vibrante con conexión plena. Este libro es para ti ya sea que estés en la búsqueda de tu alma gemela o que quieras agregar más de esta "experiencia del alma gemela" a tu relación actual.

Si estás soltero o soltera, descubrirás cómo cultivar cualidades que atraerán la experiencia del alma gemela a tu vida. También aprenderás cómo reconocer y sacar el potencial de alma gemela en los demás.

Si tienes una pareja que no comparte tu entusiasmo con respecto a estas ideas, descubrirás cómo puedes transformar tu propia experiencia y sentirte más feliz en esa relación durante el tiempo que elijas quedarte.

Si ya tienes a tu lado al amor de tu vida, aprenderás nuevas y emocionantes maneras de asegurarte de mantener *vivo* ese *amor*.

Las ideas que contiene este libro —junto con los varios ejemplos de personas reales que los utilizan con éxito— cambiarán tu vida, y te brindarán orientación y soporte a medida que crees tu propia experiencia del alma gemela: una relación que es fuente constante de amor, inspiración y alegría.

Tributo a Michael Naumer

Michael Naumer (1942–2001) fue un hombre brillante que dedicó gran parte de su energía a enseñar a las personas cómo crear relaciones amorosas y unidas. Joe, que tuvo el privilegio de estudiar bajo su tutela a mediados de los noventa, le reconoce a Michael el haberlo ayudado a mejorar ampliamente su forma de encarar no sólo sus relaciones, sino toda su vida.

Michael y su esposa Christina fundaron el Relationships Research Institute (en español, Instituto de Investigación de Relaciones) debido a su pasión común por entender lo que se necesita para mantener viva y sana una relación. Cientos de personas participaron en sus seminarios poderosos, que cambian vidas.

Catherine Sevenau, quien fue asistente de Michael durante los tres años previos a su muerte, describe cómo fue hacer ese seminario por primera vez:

> El curso abordaba la transformación. Eran tres días intensos de despertar a las personas para que reconocieran sus creencias conscientes e inconscientes. Me sentí conmovida, inspirada, dolida y

INTRODUCCIÓN

emocionada. Pero sobre todo, mis pensamientos y mi manera de ver mis relaciones y a mí misma cambiaron por completo. Finalicé ese fin de semana con una mayor consciencia y con herramientas prácticas que me cambiaron para siempre.

Las palabras de Michael siguen vivas en los corazones y las mentes de las personas que tuvieron la suerte de haberlo conocido. "El amor es el reconocimiento de lo que es igual en el otro", le gustaba decir. "Cuando menosprecias a otra persona, pierdes la capacidad que ésta tiene de contribuir a tu vida". Y "¿Estás disponible para tener la relación que dices querer?"

Buscando mantener vivo el espíritu de Michael, hemos elegido honrar su vida y sus enseñanzas presentando algunas de sus ideas inspiradoras en este libro. Esperamos que te sientas alentado a ponerlas en práctica, y, como diría Michael: "a transformar el proceso de las relaciones de un juego que no puedes ganar en uno que no puedes perder".

Parte 1

Crear tu experiencia del alma gemela

Las siguientes ideas y técnicas
te ayudarán a identificar y eliminar
cualquier obstáculo que pudiese
estar evitando que tengas
tu experiencia del alma gemela.
Cuando estés genuinamente disponible
para vivir la experiencia del alma gemela,
comenzarás naturalmente
a atraerla a tu vida.

1

Cambiar tu mentalidad

Tus creencias con respecto a ti mismo, a las otras personas
y al mundo que te rodea tienen mucho más control sobre tu vida
de lo que pudieras notar. Eliminar las creencias y posturas
que te limitan te liberará para que persigas un propósito mayor:
crear un espacio para las relaciones iluminadas
y las experiencias gozosas que deseas.

Durante toda su vida adulta, Alisa ha creído que no es atractiva. Se esfuerza por usar ropa con estilo y mantener una sonrisa en su rostro, pero donde quiera que vaya, se siente incómoda con su apariencia.

Alisa tiene una gemela idéntica, Andrea. Son tan parecidas que incluso sus amigos más cercanos a veces las confunden. Por alguna razón, Andrea creció creyendo que en la escala de belleza, ella alcanza el promedio.

Ambas gemelas son solteras. Cuando salen juntas, Andrea atrae constantemente la atención de los hombres. Incluso desde el otro lado del lugar, ellos la ven y eligen acercarse a ella. Es como si Alisa casi no existiera. Ella se queda desconcertada, preguntándose qué ven los hombres en Andrea que no ven en ella.

¿Qué es lo que atrae más a las personas hacia una hermana que hacia la otra? ¿Qué es lo que les da a estas dos hermanas una experiencia tan diferente? Son las diferentes *creencias* que tienen sobre sí mismas, y los tipos de pensamientos que producen estas creencias.

Desde que tiene memoria, Alisa se ha comparado con otras mujeres. Cuando sale, su creencia de que no es atractiva ronda su cabeza, y produce una corriente continua de pensamientos negativos. "Desearía ser bonita como aquella mujer que está allí. Debería haber usado un vestido; mis muslos lucen muy grandes con estos jeans".

Es fácil ver los efectos de estas conversaciones internas. El lenguaje corporal de Alisa le da a la gente la impresión de que se siente incómoda, infeliz o que no está interesada.

Cuando Andrea, por otra parte, tiene pensamientos acerca de su propio atractivo, tienden a estar relacionados con "El azul me queda mejor que el amarillo. Me encanta cómo estos pendientes brillan en mi cabello". Su pensamiento positivo hace que se sienta bien consigo misma y que esté lista para sonreír.

Tus creencias crean tu experiencia

Muchas veces tratamos a nuestros pensamientos como si fueran verdades indiscutibles. Pero todos aprendimos el significado de "creencia" en la escuela: es una idea que se sostiene como verdadera.

El diccionario define esta palabra como "algo que se cree". En otras palabras, *una creencia es simplemente una idea que hemos decidido que es verdadera.*

Nuestra realidad personal —o la manera en que percibimos y experimentamos el mundo— está formada en gran parte por nuestras creencias. Estamos programados para salir y, como solía decir Michael Naumer, "buscar evidencias" para cada una de nuestras creencias y posturas. Si crees que le desagradas a alguien, puedes fácilmente interpretar una cara fruncida como evidencia de ese desagrado, incluso si esa expresión está relacionada con algo completamente diferente. Debido a que nuestras mentes son capaces de producir rápidamente evidencias para casi cualquier creencia, podemos probarnos fácilmente una y otra vez que aquello que creemos simplemente es así.

La calidad de tu experiencia es un reflejo directo de la calidad de tus creencias.

Mucho antes de alcanzar la madurez, habremos acumulado miles de creencias, desde algunas específicas como "No soy una persona coordinada" y "Las fiestas de fin de año son difíciles para mí", hasta algunas más grandes y globales como "El mundo no es un lugar seguro", "Las personas quieren aprovecharse de mí", "Nunca conseguiré lo que deseo" y "Nadie me comprende". También generamos creencias positivas, como "Me encanta el tiempo lluvioso" y "Soy bueno organizando cosas". Este conjunto de creencias es en gran medida responsable de crear nuestra experiencia personal. El mundo se presenta de la manera que esperamos que lo haga.

Un día de Acción de Gracias, Gisela invitó a sus vecinos David y Serena a cenar junto con su familia. David ofreció traer el postre de una panadería local, y Serena dijo que le encantaría llevar el puré de papas. Ambos estaban agradecidos por la invitación. Sin embargo, las hermanas de Gisela no estaban tan de acuerdo con la idea.

"¿Por qué tiene que traer un pastel comprado en una tienda?" le cuestionó Juana a Gisela. "Se supone que el día de acción de gracias se debe preparar la comida. Además, ¡sólo lleva una hora hacer un pastel!"

"No quiero comer el puré de papas de otra persona", agregó su hermana Patricia. "No sería lo mismo".

Con estas creencias, Juana y Patricia sentaron las bases de su velada. Participarán a la cena con un cierto grado de resistencia ya instalada. Gisela, por otra parte, concentrándose en la celebración, disfrutará del pastel y de las papas sin importar de dónde provengan.

Como otro ejemplo de la manera en que nuestras creencias determinan nuestra experiencia, tomemos a Mario, un contador de treinta y tantos años que se siente muy nervioso al conocer gente nueva. Cuando prevé conocer a alguien por primera vez, su ritmo cardíaco y su presión sanguínea se disparan. Comienza a sudar. Cuando finalmente lo presentan, revisa la condición de su cuerpo y llega a la conclusión: "¿Ves? Odio conocer gente nueva. ¡Mira lo que me causa!"

Mario ha considerado la respuesta de su cuerpo como una prueba de que su creencia de "No me gusta conocer gente nueva" es *verdadera*. Él asocia sus reacciones físicas con conocer a alguien nuevo, en lugar de asociarlas con la verdadera causa: su creencia y la corriente de pensamientos que ésta genera, tales como "Espero que Silvana no intente presentarme a esa mujer. ¿Por qué acepté venir? Debería irme ahora antes de que ella me llame".

Cada uno de nosotros tiene un conjunto único de creencias mediante las cuales evaluamos y sacamos conclusiones acerca de nosotros mismos y del mundo. Pasemos a la idea de "Me gustaría escribir un libro" a través de tres conjuntos diferentes de creencias y veamos qué sucede. Una de las creencias posibles es: "No tengo la preparación, el dinero, o el apoyo que necesitaría para hacerlo realidad". Otra creencia puede ser: "Probablemente ya haya demasiados libros como éste en el mercado". Una tercera creencia podría ser: "Si realmente tengo el deseo de hacer algo, sé que tengo lo necesario para transformar ese deseo en realidad". Ahora, digamos que estos tres supuestos autores son expertos en una materia en particular y tienen el mismo talento como escritores. ¿Cuál de ellos tiene mayores probabilidades de producir un libro realmente?

Cambia tus creencias, cambia tu experiencia

Muchos de nosotros nos oponemos inicialmente a la idea de que podemos alterar nuestras creencias de manera intencional y significativa. Esto es comprensible. Nuestras familias, la escuela, las religiones y la sociedad, así como los medios, todos refuerzan la idea de que las creencias que tenemos son más o menos verdaderas. Todos los días nos recuerdan que el mundo exterior es responsable de nuestra experiencia interior. Muchas de nuestras creencias han estado con nosotros por tanto tiempo que sentimos que son parte de lo que somos.

La verdad es que *puedes cambiar lo que crees*. Tú cambias tus creencias todo el tiempo como respuesta a la nueva información y experiencias. Es probable que puedas identificar fácilmente creencias que algunas vez sostuviste con firmeza y que ya no tienes, así como otras que tienes ahora y que no tenías hace diez años.

Si Alisa cambia sus creencias acerca de sí misma —si decide que a pesar de no sentirse especialmente atractiva, tampoco es desagradable— ¿no crees que su experiencia seriá diferente? Si la mujer que alguna vez creyó "No soy atractiva" puede cambiar esa creencia por otra mejor como "En realidad no estoy tan mal", es probable que descubra que las personas están tan atraídas hacia ella como hacia su hermana. También se sentirá bien al descubrir que esa mejor relación que tiene consigo misma conduce, naturalmente, a tener mejores relaciones con los demás.

Por supuesto que Alisa tiene que creer verdaderamente en esta nueva idea. ¿Cómo puede ella *saber* que su nuevo pensamiento acerca de sí misma es tan creíble como el anterior? Tiene a su hermana como prueba viviente. Puede que no tengas el beneficio de una hermana gemela, pero por cada una de tus creencias, hay alguien allí afuera que, en circunstancias muy similares, sostiene un pensamiento completamente diferente. Su creencia funciona para ellos, y también puede funcionar para ti.

¿Qué pasa con Mario, el contador? Supongamos que él reconociera que su aversión a conocer gente nueva proviene de una de sus creencias. Imagina que él decide reemplazar el pensamiento "Odio conocer gente nueva" por "Conocer gente nueva está bien". Podría incluso recordarse a sí mismo que hay millones de personas que encaran con emoción el momento de conocer gente nueva. Puedes estar seguro de que si Mario prueba con la creencia de "Conocer gente nueva es divertido", lo pasará mucho mejor en el próximo picnic de su empresa.

La vida aparece para igualar las creencias que tengas sobre ella.

Algunas personas admiten que podría ser posible cambiar algunas creencias, pero argumentan que muchas, si no la mayoría, de nuestras creencias están "conectadas directamente" a nuestro interior, y por eso no se pueden modificar. Tomemos la idea de nuestras necesidades, las cosas que creemos que debemos tener para sentirnos felices, satisfechos o realizados. Nuestras verdaderas necesidades básicas son comida, agua, vestimenta y refugio. También podríamos agregar el contacto humano a esa lista. Cualquier otra cosa que llamemos necesidad, en realidad, es algo que queremos o que deseamos. Nos decimos a nosotros mismos que si no satisfacemos estas "necesidades", experimentaremos alguna forma de infelicidad, como desilusión, frustración, resentimiento o ira.

Esto también se aplica a nuestros valores. Lo que llamamos un valor es simplemente un conjunto de creencias relacionadas. Susana, por ejemplo, dice que valora la vida familiar tradicional. Esto significa que ella tiene un conjunto de creencias acerca de lo que es correcto y adecuado en términos de la familia: "Las familias deben esforzarse por cenar juntas varias veces a la semana". "La gente debe educar a los niños para que respeten a los mayores". "Mi hermana debería apoyarme cuando sabe que estoy pasando por un momento difícil". Susana podría tener cientos de creencias relacionadas con este valor. Otra persona podría tener un conjunto completamente diferente de creencias en torno al mismo valor. Al igual que nuestros pensamientos, nuestros valores no son algo permanente; evolucionan junto con nosotros. Los valores de algunas personas cambian de formas muy leves a lo largo de toda su vida, mientras que otras tienen experiencias transformadoras que pueden cambiar todo su sistema de creencias en un instante.

Como marionetas, a menudo somos controlados por nuestras creencias sin darnos cuenta de quién está manejando las cuerdas realmente. Hasta que podamos mirarnos al espejo y conocer a nuestro titiritero, muchos de nosotros seguiremos sintiendo mangoneados, física y emocionalmente. Continuaremos culpando a nuestras circunstancias, a la gente que nos rodea y al mundo en general, en lugar de dirigir la culpa donde debe ser: hacia nuestro propio conjunto de creencias, a través de las cuales interpretamos todo lo que nos sucede.

Tus creencias crean tu experiencia. Si alguna de las creencias que tienes no te brinda la experiencia que deseas, tienes tres opciones. Puedes seguir sintiéndote desilusionado y resentido cada vez que la vida no cumple con lo que tú crees. Puedes cambiar por algo mejor, reemplazar tu creencia con otra que tiene más posibilidades de brindarte lo que quieres. O puedes deshacerte de tu creencia por completo y aceptar la vida tal como se presenta.

Incorpora esta idea —la de que tus creencias crean tu experiencia y que lo que tú creas depende de ti— y la vida comenzará a fluir más fácilmente.

Si has atravesado experiencias traumáticas o circunstancias difíciles en tu vida, como un abuso o adversidades extremas, puede que este concepto no te parezca útil inmediatamente. Sin embargo, transformar la manera en que te relacionas con tus recuerdos —sin justificar las acciones abusivas de cualquier persona— puede contribuir significativamente a tu proceso de sanación.

Creencias fundamentales

Las creencias fundamentales son aquellas que están firmemente encarnadas y tienen implicaciones de largo alcance sobre quienes somos. Nuestras creencias fundamentales están con nosotros generalmente desde nuestros primeros años, y son fuerzas con una gran influencia. Considera qué tipos de experiencias producirían estas creencias fundamentales:

- "No soy lo suficientemente bueno/a".
- "No soy digno de amor".
- "No encajo".
- "El mundo es un lugar tenebroso".
- "Las personas se aprovecharán de mí cuando puedan".
- "Nunca conseguiré lo que quiero".

Vicente, un corredor de seguros, identifica su creencia fundamental más influyente como aquélla que dice: "No hay suficiente". Esta creencia afecta cada aspecto de su vida. En el trabajo, está nervioso porque la nueva vendedora podría quitarle sus cuentas ya que no habrá suficientes clientes para ambos. Él piensa que si pide una silla ergonómica para reemplazar la que le causa un constante dolor en la espalda, pensarán que está desperdiciando los recursos de la empresa y entonces no lo tendrán en cuenta para un ascenso. ¿Por qué? *Porque no hay suficiente.* Vicente es reacio a donar cosas a la caridad, hacerle favores a las personas o incluso dejar que sus amigos tomen prestados sus libros. *Si no hay suficiente —dinero, tiempo, energía— no alcanza para dar.* Aunque prefiere la atmósfera y la comida de su restaurante favorito, generalmente termina yendo al café que está enfrente porque cenar allí cuesta dos dólares menos. Cuando las conversaciones con su esposa entran en el terreno de sus planes de ahorro o de jubilación, terminan discutiendo. ¿Por qué? ¡Porque no hay suficiente!

Ana es madre de dos niños y no trabaja. Una de sus creencias fundamentales más influyentes, "Debo ser perfecta", ha afectado cada aspecto de su vida. Prácticamente todas sus relaciones, experiencias y decisiones han sido influenciadas por ello de alguna manera. Esto ha generado miles de pensamientos en los treinta y tantos años que esta creencia ha estado instalada, y ha sido fuente de ansiedad, preocupación, estrés,

> Una creencia fundamental siempre opera detrás de escena. El truco está en espiar detrás de bastidores.

culpa, frustración e incluso momentos de odio a sí misma. Con esta creencia ocupando una posición de tanto poder sobre su vida, era imposible que alguna vez Ana se sintiera completamente cómoda, incluso cuando estaba sola. Siempre tenía un molesto sentimiento de que lo que estaba haciendo, lo que sea que fuere, simplemente no era lo suficientemente bueno. Cuando finalmente identificó esta creencia fundamental y comenzó a observar su influencia, se dio cuenta de que estaba presente todo el día.

Por supuesto que también podemos tener creencias fundamentales positivas. Eliana, por ejemplo, siempre ha creído que "es adorable". Ella dice: "Incluso cuando no estoy en mi mejor momento, lo acepto como parte de ser humana. ¡Aun así soy adorable!"

Descubrir una creencia fundamental negativa comenzará a transformar tu vida. Cada vez que te des cuenta de cómo tu creencia te afecta, ésta reducirá su poder sobre ti. Aunque no es probable que puedas disolver una creencia fundamental de inmediato, a medida que continúes exponiéndola, su influencia sobre ti disminuirá.

De qué manera tus creencias afectan tus relaciones

¿Qué tiene que ver lo que tú crees con la experiencia del alma gemela? Es difícil tener una relación maravillosa cuando tu mente está abarrotada de creencias no tan maravillosas. Si crees en la carencia, verás carencia en todas partes. Si crees en la abundancia, verás abundancia. Aunque es posible mantener una relación teniendo cualquier conjunto de creencias, todos los pensamientos restrictivos y las posturas inflexibles que sostenemos reducirán nuestro potencial de vivir la experiencia del alma gemela.

Cambiar o soltar las creencias y posturas que no te funcionan te influenciará en gran medida para que estés disponible para el tipo de relación iluminada que deseas. Esto vale tanto para antes de iniciar una relación, como para cuando ya estás en una.

En primer lugar, mejorar la calidad de las creencias que tienes acerca de ti mismo mejorará automáticamente tu sentido de autovaloración. Es sumamente importante que entiendas esto antes de iniciar una nueva relación. Las personas con una autovaloración baja tienden a atraer parejas que también

Las personas que atraemos a nuestras vidas son un reflejo de las creencias que tenemos sobre nosotros mismos.

tienen una baja autovaloración, e incluso —posiblemente— parejas que con el tiempo manifestarán comportamientos abusivos para tratar de sentir que tienen el control. Cuanto más aumentes tu autovaloración, más alta será la calidad de las potenciales parejas que atraerás.

En segundo lugar, cuando estás en una relación, tener flexibilidad en cuanto a lo que crees será muy útil para mantener tu relación vibrante y viva. Aprender a modificar o soltar tus creencias cuando no te sirven a ti ni a tu relación te permitirá responder con fluidez a los desafíos que con seguridad vas a encontrar, y a sacar provecho de ellos.

Muchas de nuestras creencias afectan directamente nuestra habilidad de formar y mantener relaciones íntimas saludables y gratificantes. Considera lo siguiente:

- "Las mujeres nunca están satisfechas".
- "Los hombres no están emocionalmente disponibles".
- "Las mujeres no son confiables".
- "No se puede confiar en los hombres".
- "No hay nadie con quien yo sea compatible".

¿Cuáles son las posibilidades de tener una experiencia realmente conectada con otro ser humano si andamos por ahí con creencias como éstas? Como dijo Michael Naumer: "Si crees que los hombres son imbéciles, ¡es asombrosa la cantidad de imbéciles que atraerás! Y podrás reunir una abrumadora evidencia de cómo los hombres son imbéciles. Dirás: 'Eres como todos los hombres'. 'Lo supe todo el tiempo'". De hecho, una forma de identificar tus creencias fundamentales con respecto a las relaciones es observar las similitudes que hay entre las relaciones que tuviste en el pasado.

Sé tu propio testigo

Nuestras creencias generan una corriente continua de pensamientos desde la mañana hasta la noche. Podría sorprenderte la variedad y cantidad de pensamientos que puede generar una creencia en particular. Por ejemplo, digamos que pasas el día con la creencia de que "No hay suficiente tiempo para hacer todo". Tu mente se mantendrá ocupada produciendo evidencia para esta creencia, y podrías experimentar pensamientos como: "¿Por qué el semáforo no puede estar en verde esta vez? El cartel indica claramente que son diez artículos o menos; esa mujer debe tener veinte cosas en su carrito. ¿Cómo podré dejar la ropa en la lavandería a tiempo para ir a buscar a los niños?" ¿Te suena familiar?

Es probable que esta línea de pensamiento te haga sentir ansiosa, irritable y quizá abrumada. Aunque tendemos a asociar nuestras respuestas emocionales con los eventos o circunstancias de nuestras vidas —como el estacionamiento lleno y la mujer delante de nosotros en la fila para pagar— *la verdadera causa de nuestra respuesta emocional ante un evento son los pensamientos que tenemos acerca de ese evento.* Nuestro cuerpo traduce nuestros pensamientos en respuestas químicas y físicas que experimentamos como emociones. En otras palabras, *las emociones son la respuesta del cuerpo a nuestros pensamientos.*

Aprende a prestarle atención a tus pensamientos y a las emociones que éstos producen. Ser un testigo, como yo lo llamo, requiere de concentración e intención. Al igual que cualquier habilidad, se hace mucho más fácil con la práctica.

Las emociones como la ira, los celos y la inseguridad son una indicación de que te resistes a "lo que es". Estas emociones a menudo señalan una creencia que tienes sobre cómo deben ser las cosas, y que se contradice con la manera en que realmente son. Tan pronto como sea posible después de la aparición de tal sentimiento, examínalo para descubrir el o los pensamientos que lo generaron.

Los sentimientos como los celos y la ira pueden surgir tan

rápidamente que puede ser difícil volver atrás en el ciclo y señalar los pensamientos que están detrás de ellos. Sin embargo, a medida que practiques esta habilidad, el intervalo entre el inicio de una emoción y el momento en que la reconozcas disminuirá, y será más fácil identificar la creencia subyacente. Con el tiempo aprenderás a "captar" tus emociones en el momento que surgen, volviéndote consciente de ellas cuando se disparan y mirando más allá de ellas para identificar los pensamientos que las generan. Incluso si esos pensamientos fuesen sutiles o fugaces y te sintieras tentado a sacar la conclusión de que las emociones surgieron por cuenta propia, si eres constante, descubrirás los pensamientos responsables de esas emociones.

A medida que desarrollas el hábito de ser testigo de tus pensamientos y tus respuestas emocionales ante ellos, la relación directa entre tus creencias y tu experiencia se tornará mucho más obvia. Al alcanzar una perspectiva de ti mismo como el verdadero creador de tu realidad personal, verás también que jamás eres realmente víctima de las circunstancias. Aunque es cierto que tienes poco control sobre lo que sucede en el mundo, tienes una gran influencia sobre *cómo experimentas* esos eventos y circunstancias de tu vida. Cuando logras captar esta idea, la vida se torna mucho más sencilla.

De esta manera, ser testigo de tu experiencia interna traerá por sí mismo más armonía a tu vida. Además, una vez que desarrollas la consciencia para ser capaz de señalar una creencia y decir "Ésta es simplemente una idea

Una pregunta poderosa que puedes hacerte es:
¿Esta creencia me brinda la experiencia que yo deseo?

con la que elijo interpretar mi experiencia, y no está funcionando a mi favor", tienes la oportunidad de transformar tu experiencia. Puedes crear una complemento nueva probando con una creencia novedosa, o incluso abandonando esa creencia por completo.

Transformar tus creencias restrictivas

La gente se siente atraída a vivir la experiencia del alma gemela en parte por la libertad, la alegría y la conexión que ofrece, pero estos estados positivos no están disponibles para nosotros cuando nuestras mentes están produciendo gran cantidad de pensamientos que nos llenan de insatisfacción, temor, frustración y resentimiento. Saber cómo transformar tus creencias restrictivas y tus posturas inflexibles en creencias que te apoyen en lugar de paralizarte te ayudará a atraer una relación con la calidad que deseas. Incluso si estás tratando de resolver una experiencia traumática o abusiva del pasado, saber esto será una importante contribución a tu proceso general de sanación.

Puedes utilizar la siguiente técnica de cuatro pasos para mejorar cualquier creencia que no te está brindando la experiencia que te gustaría. Puede que esto requiera que te liberes de ciertos hábitos muy arraigados o que abandones tu necesidad de estar en lo correcto. Ten la seguridad de que a medida que practiques el arte de mejorar tus creencias, se tornará más

> **Una vez que hayas revisado este proceso para transformar tus creencias restrictivas, ¡recuerda leerlo nuevamente y usarlo!**

sencillo. Y los resultados te inspirarán para continuar identificando y transformando las creencias que no te sirven.

Paso 1: Identificar la creencia

El primer indicio de que tienes una creencia restrictiva operando en ti será a menudo una emoción separadora como ansiedad, ira o celos. Las emociones *separadoras* son aquéllas que nos hacen sentir separados de las otras personas en lugar de estar *conectados* con ellas. Cuando sientas una de estas emociones, entrénate para seguirle el rastro hasta el pensamiento o pensamientos que la precedieron. A veces será obvio cuáles son esos pensamientos. En otras ocasiones, tus pensamientos pueden haber sido tan sutiles o fugaces que lograr identificarlos requerirá una investigación profunda.

Cuando reconozcas que estás experimentando una emoción separadora, *resístete a la tentación de dejar que ella dirija tus palabras o tus acciones*. Evitar actuar cuando estás bajo la influencia de una emoción separadora puede ser todo un desafío, pero genera el espacio para que explores lo que realmente está sucediendo. Tan pronto como sea posible, pon toda tu atención en cómo se siente esa emoción en tu cuerpo. Si las circunstancias requieren que esperes antes de hacer esto, reproduce la emoción más tarde recreando mentalmente la situación en la que se presentó.

Mantén ese sentimiento por un tiempo, y escucha los pensamientos que pasan en segundo plano. Anota esos pensamientos a medida que los descubres. No te dejes llevar por ellos; solo anótalos en una hoja de papel. Si sientes que no puedes hallar los pensamientos asociados con esa emoción, simplemente imagina cuales *podrían* haberla producido. Puedes trabajar con estas ideas con la misma efectividad.

Cuando sientas que has registrado todos los pensamientos que puedas encontrar en ti mismo que están relacionados con este incidente, míralos detenidamente y con atención. Luego, con la mayor claridad posible, pon en palabras la creencia que los produce. Será una afirmación breve y concisa, como: "No fui a la universidad, así que no puedo contribuir con nada valioso". "Mi familia debería comprenderme". "No soy lo suficientemente bonita". Puede que te tome varios intentos llegar a una declaración clara y precisa de tu creencia.

Una vez que hayas anotado esta creencia, verifica que realmente haya sido responsable de producir todos los pensamientos de tu lista.

Paso 2: Examinar la creencia

Piensa en otros momentos y situaciones en las que esta creencia ha estado operando, y agrega a tu lista cualquier pensamiento adicional por el que sea responsable. Puede que te haya influenciado por varios años.

Cuando tu lista esté completa, léela de nuevo lentamente. Concéntrate en las emociones que surgen a medida que repites cada pensamiento mentalmente. Mientras experimentas los efectos de estas emociones en tu cuerpo, recuerda que ellas están directamente relacionadas con tus pensamientos y no con lo que está sucediendo en el mundo exterior.

Es el momento de evaluar el impacto que esta creencia ha tenido en tu vida. Hazte las siguientes preguntas: *¿De qué manera esta creencia impidió que me sintiera cómodo en el mundo? ¿De qué forma ha limitado mi capacidad para conectarme con otras personas? ¿De qué manera mi experiencia sería diferente si me liberara de esta creencia?*

Supongamos que identificas la siguiente creencia: "Mi familia debería comprenderme". Probablemente esta creencia te ha hecho sentir inquieto, irritable y con resentimiento cuando tú y tu familia pasan tiempo juntos. Ciertamente ha causado que sea mucho más difícil conectarte con ellos. Si abandonaras la creencia de que tu familia debería comprenderte, sería mucho más fácil para ti disfrutar del tiempo que pasas con ellos, ya sea que te comprendan o no.

Paso 3: Generar una creencia de reemplazo

Al hacer una evaluación exhaustiva de los efectos dañinos que ha tenido tu creencia en tu vida, puede que comiences a sentir que su influencia disminuye. De hecho, a veces el daño que causa una creencia es tan claro, y tu deseo de terminar con ese sufrimiento es tan fuerte, que puedes simplemente abandonar esa creencia instantáneamente.

Si no puedes soltar tu creencia por completo, puedes reemplazarla por una mejor. Crea una de reemplazo que puedas utilizar en lugar de tu vieja creencia cada vez que ésta aparece.

Mientras te concentras en la creencia que acabas de identificar, busca otra idea que tengas —puede ser alguna que nunca antes hayas puesto en palabras— que produzca pensamientos *positivos* en lugar de pensamientos negativos bajo las mismas circunstancias. Esta creencia de reemplazo será una idea que proviene del amor en lugar del temor, una idea que acepte en lugar de rechazar "lo que es". No se trata de una declaración de algo que *desearías* que fuese verdad. *Una creencia de reemplazo efectiva es una idea que aceptas como algo igual de válido que tu creencia original.*

Supongamos que reconoces tener la siguiente creencia: "No soy lo suficientemente talentoso para tener éxito en este campo". Tu creencia de reemplazo podría ser: "Tengo tanta pasión por este campo que aprenderé todo lo que sea necesario para tener éxito". Si tu creencia original es "Mi familia debería comprenderme", puedes reemplazarlo por "Mi familia hace las cosas de la manera que mejor sabe". Si tu creencia original es "No soy lo suficientemente bonita", puedes reconocer que "Me siento bonita cuando me permito conectarme realmente con los demás" es tan cierta como la anterior. Asegúrate de que tu afirmación de reemplazo sea tan clara y simple como sea posible. Si es demasiado compleja, podría resultar difícil recordarla cuando estás bajo la influencia de emociones poderosas.

Ahora transpórtate a cada una de las situaciones que identificaste en las que tu antigua creencia estuvo operando. Dedica un poco de tiempo a imaginar cómo sería tu experiencia si pones en práctica tu nueva creencia. ¿Cómo te sentirías? ¿Qué harías o dirías?

Paso 4: Reprogramar tu antigua creencia

Ahora cada vez que experimentes una emoción separadora y sigas su rastro hasta alguna variación de tu antigua creencia, prepárate para reenfocar tu atención sobre tu nuevo pensamiento. Debido a que tu nueva creencia tiene el mismo valor de verdad para ti, el simple hecho de redirigir tu enfoque hacia ella comenzará a transformar de inmediato tu experiencia.

Puede demandar una cantidad considerable de fuerza de voluntad mantener la alerta necesaria para realizar esta práctica, por lo que es útil escribir tu creencia de reemplazo en un lugar donde la veas frecuentemente. Puedes incluso repetírtela a ti mismo como un mantra cuando te ves invadido por emociones fuertes.

> ¿Cuál de tus creencias —la antigua o la nueva— te brindará la calidad de experiencia que deseas?

Siente la verdad de tu nueva creencia cada vez que la utilices. Encuentra un lugar en tu interior y en tu experiencia donde sea cierta para ti. Además, recuerda que tu mente se ocupará obedientemente de reunir evidencia para las creencias que tú sostengas. Así que dirige tu mente para que encuentre evidencia de tu nueva creencia, tanto ahora como en tus experiencias pasadas.

El proceso de captar tu antigua creencia cuando está en funcionamiento y reemplazarla con una nueva se tornará más sencillo con el tiempo. A medida que continúas recordándote tu nueva convicción, experimentarás un enorme aumento de tu capacidad para sentirte conectado con las personas y cómodo en el mundo que te rodea.

Reprogramación activada

Supongamos que estás esperando en la fila del almacén y comienzas a sentirte impaciente y molesto. Cuando te des cuenta de que estás experimentando estas emociones, puedes revisar tu diálogo interno reciente y reconocer que te estuviste diciendo a ti mismo, "Esa cajera debería dejar de conversar y concentrarse en hacer que la fila avance. Deberían tener más cajas a esta hora del día".

Entonces podrías tratar de identificar la creencia que subyace a estos pensamientos y ponerla en palabras: "Las cajeras deberían ser eficientes". También podrías expresarla de esta forma, "Las personas no deberían perder tiempo cuando hay una fila de gente esperando" o "Las personas deberían concentrarse en hacer su trabajo". Las palabras exactas que utilices no son importantes. Trabajar con cualquiera de estas afirmaciones te ayudará a liberarte de la verdadera fuente de tu molestia: tu idea de que algo debería ser diferente a como es.

Cuando evalúas el impacto que esta creencia ha tenido en tu vida, puede que te des cuenta de que has estado saboteando tu capacidad de disfrutar el momento presente y, por ejemplo, tal vez generar una conexión con la persona que está detrás de ti en la fila. Si reprogramaras tu creencia diciendo, "Está muy bien cuando la gente es eficiente", algo que puede ser tan creíble como la anterior, probablemente tendrías una mejor experiencia cuando tienes que hacer filas. Esta creencia haría que notes cuando las personas *están* siendo eficientes, en lugar de cuando no lo son. Incluso podrías sentirte alentado a felicitar a los cajeros que logran manejar la presión con gracia. Si decides actuar —por ejemplo, presentar una queja al gerente sobre las largas filas— lo harás con una actitud positiva, lo cual resultará mucho más efectivo.

Marisa, quien era una profesora de redacción de medio tiempo, a menudo se obsesionaba con su novio: el lugar donde estaba, sus planes a largo plazo y cuándo la llamaría o le enviaría el próximo correo electrónico. Estos pensamientos constantes hacían que se sintiera ansiosa e indefensa, y habían causado varios desacuerdos.

Marisa dedicó tiempo a revisar todos los pensamientos que tenía en torno a este tema y los rastreó hasta llegar a la creencia fundamental "No hay suficiente amor para mí". Fácilmente logró identificar otras situaciones en las que esta creencia había influenciado su pensar, por ejemplo con su familia, sus amigos e incluso sus alumnos. Pudo notar cómo estos temores y esta ansiedad leves que producían dichos pensamientos evitaban que ella tuviera su mente puesta en lo que estaba haciendo o en la persona con quién estaba.

Cuando dedicó su atención a generar una creencia de reemplazo, se le ocurrió que muchas de estas mismas personas le decían a menudo que era muy inspiradora. Se dio cuenta de que estaba tan rebosante de amor que tenía más que suficiente para inspirar a los demás. Actualmente, cuando detecta que entra en funcionamiento la creencia "No hay suficiente amor para mí", practica reenfocar su atención en "Estoy tan rebosante de amor que inspiro a los demás" y de inmediato siente un flujo de confianza en sí misma.

> **Reprogramar hábitos muy arraigados es algo que sólo se puede lograr con *la práctica*.**

Josefina, una mujer que se dedica a la música y el arte, pasa gran parte del año viajando y tiene amigos en todo el mundo. Muchos de sus amigos están involucrados en proyectos fascinantes y trabajan con personas famosas y talentosas. Josefina se siente inspirada por sus amigos y el trabajo maravilloso que ellos hacen, pero también admite que a veces se siente inepta y dejada de lado cuando está con ellos.

Cuando investigó la fuente de estos sentimientos, Josefina se dio cuenta de que había estado operando bajo la creencia de "No soy interesante". Esta creencia se manifiesta a través de pensamientos de que no es tan dinámica o tan misteriosa como otras personas en su vida; estos pensamientos hacen que se sienta desconectada y poco apreciada. Al tratar de generar una creencia de reemplazo, ¡a Josefina se le ocurrió que debe ser al menos un poco interesante como para atraer a tantas personas talentosas y fascinantes a su vida! Se dio cuenta de que la creencia "Soy interesante" en realidad podía ser tan cierta para ella como su convicción original.

César, un agente de bienes raíces, a veces se siente incómodo cuando está frente a personas que tienen un nivel más alto de educación que él. Este sentimiento es especialmente fuerte cuando le piden su opinión en temas de los que sabe poco, como política o tecnología. Después de analizar los pensamientos que producen este sentimiento —pensamientos del tipo "Ellos van a pensar que no tengo mucha educación" y "No soy de gran ayuda en esta área"— César expresó la creencia responsable de ellos como: "No fui a la universidad, por lo que no tengo nada valioso que aportar".

Cuando César puso más atención para ver si era cierto que no tiene nada valioso que ofrecer, se dio cuenta de que su falta de conocimiento sobre algún tema en particular en realidad le da una ventaja: frecuentemente puede ver las cosas desde una perspectiva más amplia cuando los demás se pierden en los detalles. César expresó su creencia de reemplazo como: "Puedo aportar mi capacidad para ver el panorama general". Fácilmente puede hallar evidencia en sus experiencias pasadas sobre cuán valiosa es en verdad su capacidad para ver el panorama general.

Cuando utiliza su nueva creencia, César afirma que instantáneamente expande su perspectiva sobre el tema que se está tratando. Además de darle a él algo con qué contribuir, esta nueva creencia le permite sentirse mucho más relajado e involucrado con las personas que lo rodean.

A veces podemos simplemente abandonar una creencia cuando vemos que no nos sirve. Julián, un mecánico de motocicletas y encargado de mantenimiento, se levantó una mañana y tropezó con su gato que estaba durmiendo. Al mediodía derramó café en una camisa limpia que acababa de ponerse. Una vez que se cambió, se dirigió hacia la puerta y se dio cuenta de que había perdido las llaves de su auto. En ese momento dijo con voz gruñona: "Éste será uno de esos días".

El primer mandado de la mañana de Julián era pasar por la ferretería. Cuando llegó allí, vio que todos los espacios de la plaza de aparcamiento estaban ocupados. Estaba a punto de agregar la falta de un lugar para aparcar a su lista de quejas cuando de repente se dio cuenta de que con su creencia, "Éste será uno de esos días", se había dispuesto a encontrar evidencia de lo que estaba "mal" durante todo el día.

En ese instante, Julián recordó la mañana y notó que en realidad tenía mucho que agradecer: tenía una cama cálida y segura donde dormir; podía costear el café y su auto; tenía buenos amigos, un gato cariñoso y una vida que adoraba. Y entonces se dijo a sí mismo: "Éste será un gran día".

Ahora posees una poderosa herramienta que puedes utilizar
para transformar tu experiencia cada vez que te encuentras
influenciado por una emoción o un patrón de pensamiento negativos.
Al aprender cómo liberarte de las creencias restrictivas
y de las emociones que las acompañan,
estarás mucho más disponible
para vivir una relación auténtica y conectada.

2

Amar tu cuerpo

Muchos de nosotros vamos por la vida sintiendo muy poco afecto por nuestro cuerpo. Creemos que no somos los suficientemente atractivos, ni estamos en forma o simplemente tenemos algún tipo de defecto. Una imagen de nosotros mismos tan negativa nos impide compartir con los demás y puede limitar severamente nuestra capacidad de intimidad. Aprender a aceptar, apreciar e incluso amar cada aspecto de tu ser físico te dejará libre para explorar nuevas dimensiones de tu vida y disfrutar de relaciones más ricas e íntimas.

Nuestra cultura obsesionada con la perfección nos alienta a ver nuestros cuerpos como un conjunto de partes, y luego a identificar y rechazar constantemente las "imperfecciones" en esas partes. Si eres como muchas otras personas, hay almenos una parte de tu cuerpo —o tal vez varias— acerca de la cual te has dado mensajes negativos durante años.

Jéssica corre maratones además de criar a dos hijos y administrar su propio negocio. Todos los días se fija en la apariencia de su estómago, que sigue siendo blando y redondeado sin importar cuántas millas corra o cuántos abdominales haga. Javier revisa su calvicie en el espejo casi todas las veces que va al baño. A Esteban le ha preocupado el tamaño de su pene desde la pubertad.

Las críticas a nosotros mismos tienen efectos directos sobre nuestras relaciones íntimas. Aunque Jéssica es muy delgada, sus pensamientos casi obsesivos con respecto a su estómago evitan que se sienta completamente cómoda cuando está desnuda. Esta situación hace que el sexo con su esposo sea mucho menos agradable de lo que podría ser. "Él me dice que soy hermosa", dice Jéssica, "pero cuando hacemos el amor, siempre estoy distraída porque no dejo de pensar en mi estómago". Javier comenzó a perder el cabello antes de los veinticinco años y nunca se ha sentido cómodo cuando las mujeres tocan su pelo. Esteban, quien está consumido por la creencia de que no puede satisfacer a una mujer durante una relación sexual, admite, "Nunca me dejé llevar durante la experiencia de hacer el amor. Siempre estoy demasiado ocupado con el pensamiento de que no podré satisfacerla".

Cuando el mundo que nos rodea tiene como modelos de perfección un estómago plano, cabezas llenas de cabello y penes largos, es fácil caer en la trampa de compararnos con esos ideales día tras día, y no llegar a alcanzarlos. Pero incluso si pudiéramos "arreglar" las cosas que estamos convencidos que son nuestros peores rasgos —si Jéssica se sometiera a una liposucción, por ejemplo, o Javier invirtiera dinero y dolor en un implante de cabello—no lograríamos sentirnos completos repentinamente. Eso se debe a que cuando llegamos a ser jóvenes adultos, el hábito de explorar nuestros cuerpos buscando características que no están a la altura está muy arraigado.

> Saboteamos la imagen que tenemos de nosotros mismos cuando dividimos mentalmente nuestro cuerpo y encontramos errores en las partes individuales.

La verdad es que nuestros cuerpos son bastante milagrosos. Por todo lo que son y todo lo que hacen por nosotros, merecen nuestra compasión y admiración, incluso reverencia. Sin embargo, las críticas a nuestros cuerpos a menudo son parte de una conversación casual: "Estos jeans me hacen lucir gorda". "Arroja esas fotos a la basura antes que alguien las vea. ¡Me veo muy vieja!" Incluso si nunca criticamos nuestro cuerpo en voz alta, muchos de nosotros lo hacemos mentalmente todos los días: "¡Odio tener papada!" "¿Por qué *yo* tuve que salir con pelo rizado?"

Cualquiera que sea la manera en que te rechazas a ti mismo, ésta impide que te conectes plenamente con otro ser humano. Cuando sostienes la creencia de que alguna parte de tu ser es inaceptable, simplemente no puedes estar presente por completo ante otro ser humano, o incluso contigo mismo.

Aún si no menosprecias tu cuerpo o te criticas por no modificarlo de la manera que te gustaría, cuanto más aumente tu aprecio hacia el cuerpo que tienes en este momento, más disponible estarás para vivir la experiencia del alma gemela.

Silencia tu voz autocrítica

Cuando conocemos a alguien que tiene algún rasgo que podría ser considerado indeseable, como un lunar, generalmente no iniciamos la conversación con una crítica: "Ese lunar en tu cara es muy feo. ¿Has considerado hacer algo para eliminarlo?"

No obstante, muchos de nosotros nos hacemos ese tipo de comentarios faltos de compasión y amor. Cuando vemos nuestro reflejo, a menudo siguen palabras poco compasivas: "Mi piel luce manchada". "¡Mis brazos están tan fofos!" "Sí, mi nariz sigue siendo tan grande como ayer".

Si eres una de las millones de personas que hacen comentarios negativos sobre sí mismos cuando se ven en una foto o en el espejo, es tiempo de que silencies esa voz crítica.

Mira el mal que te has causado

Aunque todos sabemos que criticarnos no va a contribuir al valor que nos damos, y probablemente no nos motive a cuidar mejor de nuestros cuerpos, muchos de nosotros no podemos parar de hacerlo. Un primer paso muy poderoso que podemos dar para dejar la autocrítica es darnos cuenta de lo crueles e insensibles que hemos sido.

Párate frente al espejo y revisa honestamente los mensajes negativos que te estuviste enviando. Esfuérzate para recordar cada comentario de autocrítica que hayas hecho durante la última semana o en el último mes, y dilos en voz alta con toda la sinceridad que puedas reunir. Cuando hayas hecho lo posible por descubrirlos todos, hazte las siguientes preguntas: *¿En qué me ha ayudado esta autocrítica? ¿Merezco criticarme de esta manera? ¿Este comportamiento podría contribuir a mi felicidad y mi salud? ¿Este comportamiento hace que esté disponible para experimentar el tipo de relaciones que me gustaría?*

Una dieta estricta de autocrítica hará que incluso la persona más serena se sienta menos confiada, menos capaz y potencialmente miserable.

Natalia, madre de tres niños pequeños, ha criticado su cuerpo desde que

dio a luz a su primer hijo. "Me decía a mí misma que mis caderas eran demasiado anchas, que mi pecho era muy plano, que mi piel no estaba tan firme como debería estar. Hacer esto antes de salir con mi esposo me amargaba mucho, tanto que a veces no podía convencerme de ir".

Cuando se dio cuenta del impacto que tenía lo que había estado haciendo, Natalia dijo que fue como una llamada de alerta increíble. "¡Me di cuenta de que criticarme de esa manera era una pérdida de mi precioso tiempo!" Natalia también notó que sin querer estaba siendo modelo para sus hijos de un comportamiento que, en esencia, era abusivo hacia ella misma. "Decidí que haría un esfuerzo por comenzar a aceptar que ésta es quien soy ahora y a disfrutar de lo que tengo".

Imagina cómo sería sentir amor y compasión hacia tu milagroso cuerpo cada vez que te miras al espejo. Esta experiencia está a tu alcance, independientemente de si cambias o no algún aspecto de tu cuerpo. Lo que necesitas es darte cuenta de que: *hablar negativamente contigo mismo no te hace ningún bien. Más bien es extremadamente dañino tanto para ti como para tus relaciones.* Abusar de tu cuerpo, mental o físicamente, es desperdiciar tu vida y el precioso tiempo que tienes para disfrutar de ella. Estas ideas se aplican no sólo a tu cuerpo, sino que a todo lo que no aceptas acerca de ti mismo: tu pasado, tu crianza, los rasgos de tu personalidad o tus elecciones.

> **Las pequeñas cosas que no puedes aceptar acerca de ti mismo tienen más control sobre tu vida de lo que imaginas.**

Si has sido tu peor enemigo durante años, hazte la siguiente promesa en este momento: *a partir de hoy, prometo hacer lo posible por detener la autocrítica y amar a la persona que me mira desde el espejo.* Es poco probable que puedas abandonar tus comentarios negativos sobre ti mismo de inmediato, pero es posible que dejes de hacerlo en gran parte si te das cuenta de lo verdaderamente inútil y nocivo que es.

Háblate con compasión

Ahora que notaste todas las cosas degradantes que tiendes a decirte a ti mismo, utiliza las técnicas del capítulo 1 para identificar y transformar las creencias que están generando esos pensamientos autodestructivos. Puede que descubras que en tu interior, sostienes creencias como "Nadie quiere una mujer voluptuosa" o "Si no luzco como en mis veintes, no soy atractiva".

Como nuestra autocrítica puede ser muy tenaz, ciertas afirmaciones pueden ayudarnos a transformar la manera en que hablamos con nosotros mismos. Las afirmaciones son declaraciones positivas, como

"Soy hermosa y capaz", y podemos repetírnoslas cuando se dispara nuestro mecanismo de autocrítica.

Las afirmaciones son más efectivas si son creencias que aceptamos como verdaderas. Jéssica, la maratonista que critica diariamente su estómago, dice que repetir afirmaciones como "Mi panza es hermosa" o "Mi estómago es perfecto tal cual es" simplemente no le funcionaba. "Cada vez que decía eso, discutía internamente con esas ideas". En lugar de eso, creó esta afirmación: "Soy fuerte, saludable y sexy". Debido a que ella realmente cree en estas ideas, esta afirmación resulta efectiva para Jéssica. Ahora cuando se da cuenta de que está enfocándose negativamente en su estómago, silencia esa voz de desaprobación diciendo, "Soy fuerte, saludable y sexy", y siente que cada palabra es verdad.

"Cuando hago eso, me siento mejor inmediatamente", dice.

Esteban, que aún está en el proceso de aceptar el tamaño de su pene, utiliza afirmaciones para recordar las cosas positivas que consiguió por ser más pequeño. "Desde joven aprendí a concentrarme en otras maneras de darle placer a una mujer, y creo realmente que hoy en día soy un mejor amante gracias a eso", dice. "Así que cuando empiezo a obsesionarme con mi tamaño, me recuerdo a mí mismo que soy un amante más atento de lo que hubiera sido en otras circunstancias".

> Aprender a amar tu cuerpo aumentará tu autoestima, lo que te ayudará a atraer una pareja que tenga una alta valoración de sí misma.

Mira en el espejo y ve el milagro

Algunos de nosotros estamos tan acostumbrados a criticar nuestro reflejo que no nos hemos visto sin el filtro de las evaluaciones negativas desde hace un largo tiempo. La percepción de nosotros mismos puede estar muy distorsionada, lo cual significa que lo que vemos en el espejo puede ser muy diferente a lo que ven los demás. Muchos de los rasgos en los que nos concentramos son cosas que nadie más notaría a menos que se los señaláramos. Leslie, que es cosmetóloga, dice que a veces se siente culpable por cobrarles a las personas por ciertos procedimientos. "Me piden que cubra ciertos puntos o que elimine vellos que sé que nadie notará jamás".

Michelle es una belleza de pelo negro con hermosos ojos marrones, labios carnosos y piel trigueña. Es vivaz y activa, y donde quiera que vaya, la gente se da vuelta para mirarla. Sin embargo, cuando sale de la ducha y ve su reflejo en el espejo, su atención se centra en las líneas de expresión alrededor de sus ojos. Aunque en general se siente atractiva, a veces esas líneas es todo lo que ve. Si alguien más ve a Michelle desnuda, vería una hermosa mujer de sonrisa brillante, piel maravillosa y piernas fuertes. ¡Ciertamente no se concentrarían en sus líneas de expresión!

Si has pasado años comparándote con modelos perfectas o castigándote día tras día por cualquier cosa que hayas decidido

> **No esperes diez o veinte años para darte cuenta de la belleza que tienes hoy.**

que no es satisfactoria, el siguiente ejercicio te ayudará a comenzar a sanar algunas de esas heridas autoinfligidas.

Para este ejercicio, aparta un poco de tiempo para estar solo, puede ser una hora o más. Ten algunos espejos a mano para que puedas verte desde varios ángulos. Como estarás desnudo al menos una parte del tiempo, asegúrate que haya una temperatura cómoda en la habitación.

Valora cada parte

La primera parte de este ejercicio es encontrar alguna forma de valorar cada aspecto de tu cuerpo. Incluso si sientes que ya aceptas tu cuerpo tal cual es, este ejercicio te ayudará a amarte aún más.

Comienza con algo que se sienta natural, como una mano, un pie o tus ojos. Concentra toda tu atención en esa parte de tu cuerpo, obsérvalo minuciosamente, como si lo vieras por primera vez. Por ejemplo, si comienzas por tu mano, puedes sentir la textura de la piel, la suavidad de las uñas y la estructura de los huesos. Luego experimenta con todas las direcciones en que puedes mover tus manos. Si surgen pensamientos negativos, deja que sigan su curso, no los sigas ni te aferres a ellos, y vuelve a enfocarte en lo que valoras.

Mientras te conectas con tu mano, piensa en todo lo que ha hecho por ti. Imagina cómo sería tu vida sin ella. Considera las cientos de miles de tareas que tu mano ha realizado y la variedad de cosas

> **Cuando aceptemos algo que habíamos rechazado acerca de nosotros mismos, comenzaremos naturalmente a aceptar más a los demás.**

maravillosas e interesantes que has tocado con ella. Siente compasión por todo lo que esta parte de tu cuerpo ha atravesado: lesiones, traumas o incluso abandono.

Tómate un momento para cualquier aspecto de tu mano que hayas criticado o rechazado en algún momento. Por ejemplo, si alguna vez pensaste que las venas en el dorso de tu mano son poco atractivas, contempla cómo han estado allí transportando sangre de manera confiable durante todos estos años. Ten en cuenta que esta parte de tu cuerpo siempre hizo lo mejor que pudo.

Antes de seguir, encuentra la manera de sentirte al menos un poco agradecido por la forma en que esa parte de tu cuerpo ha contribuido en tu vida. Jéssica, la corredora que tiene dificultades para aceptar su vientre blanda, puede recordar que les brindó protección a sus bebés antes de nacer. Esteban, que nunca tuvo sentimientos positivos hacia su pene, puede tener en cuenta el hecho de que éste le proveyó mucho placer a través de los años, además de permitirle ser padre de dos hermosos niños. Puede que Javier no encuentre una manera de valorar su calvicie directamente, pero podría concentrarse en sentir gratitud por el pelo que conserva.

No te apresures a terminar este ejercicio. Asegúrate de revisar todo tu cuerpo, y de pasar más tiempo con aquellas áreas que han soportado mayor rechazo.

Magdelena, directora de comunicaciones de una comunidad de internet, pensó que este ejercicio es tan sanador

> Hay una manera de valorar cada aspecto de nosotros. Solo tenemos que descubrirla.

que lo expandió. Durante un mes pasó un poco de tiempo cada día honrando una parte específica de su cuerpo, concentrándose en una diferente todos los días. Esto le dio la oportunidad de prestar atención a cómo ella trataba y qué pensaba acerca de esa parte, y de encontrar maneras de honrarla.

Cuando finalmente te mires sin el filtro que supone juzgarte a ti mismo, ¡te verás completamente diferente!

Mírate realmente, sin críticas

Si te has estado mirando a ti mismo a través de una cortina de humo formada por tu autocrítica, has estado mirando una imagen distorsionada de quién eres en realidad. Así que, después de conectarte con tu gratitud por cada parte de tu cuerpo, da un paso atrás para valorar cómo se unen para contribuir con este ser humano único: tú. Para este ejercicio, necesitarás un espejo de gran tamaño y algunas velas o una habitación que esté equipada con luces que se atenúan. Puede que quieras hacer este ejercicio primero con tu ropa puesta, y luego desvestido.

Párate frente al espejo. Comienza con una única vela o con las luces tenues para que apenas puedas percibir tu silueta. Tu objetivo es ver tu imagen completa, sin concentrarte en ninguna parte individual ni hacer evaluaciones de autocrítica, incluso si es por unos pocos momentos. Puede que te ayude imaginar que estás viendo tu reflejo desde la perspectiva de un observador imparcial, alguien que no te juzga de ninguna manera. Cuando puedas mirarte sin juzgarte ni criticarte, aumenta la iluminación gradualmente.

Mientras observas tu reflejo, siéntete desde tu interior enfocándote en todas las sensaciones que estás experimentando. Acompaña cada bocanada de aire a medida que entra y sale de tu cuerpo. Intenta detectar tus latidos, e incluso cómo se siente la sangre que circula en tus manos o pies. Si aparecen pensamientos negativos mientras te observas a ti mismo, ponlos a un lado y vuelve a concentrar tu atención en las sensaciones físicas que estás experimentando.

La valoración es un proceso constante

Si aún es difícil para ti dejar de criticar algún aspecto particular de tu cuerpo, tómate tu tiempo para entrenarte de manera que puedas redirigir hacia dónde va tu atención cuando ves tu reflejo. Por ejemplo, si no puedes dejar de hacer comentarios negativos acerca de tus dientes, aprende a redirigir conscientemente tu atención hacia otro rasgo que te guste, como tus ojos.

También puede ser útil tratar de abarcar todo tu ser, quien eres tú más allá de tu apariencia física. Como dice Dana, diseñadora de joyería: "Me gusta pensar en mí misma como un ser 'completo' —mi cuerpo, mente y alma interconectados— y concentrarme en mis puntos fuertes, como mi inteligencia y creatividad. Si pongo pensamientos y energía positivos en las cosas que me gustan, ya sea algo físico o mental, naturalmente será más difícil criticarme a mí misma".

Cuando miras al espejo, tómate un momento para apreciar tus rasgos favoritos.

Aceptar tu cuerpo es un proceso continuo, que seguirá mientras lo tengas. Los ejercicios descriptos anteriormente pueden ser muy poderosos cuando se realizan con una pareja que está dispuesta a ello, como verás posteriormente en este libro.

Piensa en ti como una posible manera de ser hermoso

Nuestra cultura define el ser atractivo de una forma tan acotada que hace que sea imposible para la vasta mayoría de las personas alcanzar alguna vez esa meta. En lugar de aceptar lo que dice la sociedad acerca de qué es hermoso, descúbrelo tú mismo y redefine el significado de la palabra atractivo para ti.

Cuando Ryland tenía diecinueve años, le comenzó a crecer vello de color oscuro en el pecho. Al principio quitaba los vellos que crecían más allá de lo que él consideraba los límites aceptables. Tenía la esperanza de que el vello dejara de esparcirse, pero descubrió que su pecho no quería cooperar en ese sentido.

Cuando tenía veintiún años, Ryland estaba cansado de sentirse incómodo cuando se quitaba la camisa. Estaba cansado de los comentarios degradantes que hacía sobre sí mismo cuando miraba su pecho en el espejo: "¡Odio como se ve eso!" Así que empezó a buscar una manera de verse a sí mismo y a su pecho como algo atractivo, y descubrió a Nicolas Cage. Escuchó a las mujeres decir que este hombre con vello oscuro en su pecho era sensual y atractivo. Ryland decidió hacer de Nicolas Cage su "nuevo punto de referencia" y elegir "participar de este acuerdo colectivo que dice que los hombres que lucen de esta manera son guapos". En otras palabras, desde este momento se verá a sí mismo como miembro de un grupo de hombres con un tipo particular de belleza masculina que miles de mujeres encuentran atractiva.

Cuanto más te ames a ti mismo, más disponible estarás para amar a otra persona.

La idea de Ryland de encontrar un nuevo punto de referencia puede ayudarnos a muchos de nosotros a aceptar nuestra forma particular de belleza. Si sentimos que no podemos ser hermosos debido a ciertas características, podemos buscar nuevos modelos que compartan esos rasgos y que sean considerados atractivos por nosotros o por otras personas.

Por ejemplo, si te cuesta trabajo verte como alguien hermoso porque pesas más de lo que te gustaría, encontrarás un montón de personas que pesan más que tú y que irradian belleza y confianza en sí mismas. Fíjate en ellas como modelos a seguir. También puedes visitar los numerosos sitios web que celebran la belleza en todas sus formas y tamaños, y ver programas de televisión inspiradores que ayudan a las personas a aceptarse y a sentirse bien con sus cuerpos, sin importar su edad, su forma o tamaño. Lo más importante que puedes hacer para implementar cambios sostenibles es aprender a amar y honrar tu cuerpo tal como es ahora.

Otro paso que puedes dar hacia la autoaceptación es encontrar la manera de honrar lo que has estado rechazando. Ema pasó años tratando de esconder sus manos, porque creía que eran demasiado grandes; actualmente tiene una colección de hermosos anillos que usa para celebrar todo lo que sus manos hacen por ella. Graciela se colocó un aro en su ombligo, y ahora lleva como accesorio un diamante para recordarse a sí misma que debe valorar su vientre. Cristina, una madre de dos hijos que pesa más de lo que le gustaría, se da el gusto de tener sostenes y ropa interior sensuales para honrarse como una mujer hermosa. Raquel le dio a su perro el nombre de "Panza" como un recordatorio constante de que debe amar y aceptar su propia panza.

> No seas severo contigo mismo. Avanza en dirección a una mayor aceptación de ti mismo, al mismo tiempo que honras lo que tienes ahora.

Pensar en ti como alguien hermoso es completamente una cuestión de perspectiva. No se trata de tener una determinada edad, peso o tipo de cuerpo, tener ciertos rasgos o usar la ropa adecuada.

Cuando te sientas un crítico de tu apariencia, recuerda: *como yo soy ahora es una de las maneras posibles de ser hermoso.* Puede que te sorprenda descubrir que cuanto más piensas en ti como alguien hermoso, más belleza verán los demás en ti.

Sintonízate con tu cuerpo

Imagínate que una niña sedienta acude a ti y te pide una bebida y tú se la niegas. Esto puede parecer algo inconcebible, pero no es distinto a la manera en que muchos de nosotros —por estar muy ocupados, ser muy holgazanes o simplemente no prestar atención—

ignoramos todos los días, pedidos similares de parte de nuestro cuerpo. "¡Oye!, ¿no me estás escuchando? ¡Estoy muy sediento! Y he estado jorobado aquí durante horas. ¿Cuándo podré estirarme?" Estaríamos más relajados y seríamos más eficientes si aprendiéramos a escuchar y responder a las señales que nos indican cuando nuestros cuerpos necesitan alimentos, agua, ejercicio o descanso. También nos sentiríamos más saludables, felices y más disponibles para crear relaciones satisfactorias.

Nuestros cuerpos tienen una increíble capacidad para procesar información y virtualmente se autoregulan. Instintivamente saben si las decisiones que tomamos acerca de cuándo, qué y cuánto comer son saludables y nutritivas. Pero, ¿quién de nosotros no le ha negado a su cuerpo los alimentos y agua que pedía, o no ha ignorado las pistas que indicaban que ya habíamos comido lo suficiente?

Muchos de nosotros tendemos a comer impulsivamente, dejando que nuestros ojos o nuestros paladares tomen decisiones nutricionales por nosotros. O comemos esporádicamente, ignorando las señales de que estamos hambrientos hasta que es demasiado tarde para elegir algo de forma cuidadosa. Si te reconoces en estos casos, aprende a comunicarte frecuentemente con tu cuerpo y a escuchar lo que él te dice.

Pablo, a quien sus padres siempre le hicieron comer todo lo que había en su plato, dice que aprendió a dejar de comer antes de sentirse satisfecho. "Me di cuenta de que la presión que sentía por terminar un platillo era imaginaria", explica.

Orlando, que cocina en un restaurante vegano, dice que se ha vuelto mucho más consciente de cómo varios alimentos afectan su cuerpo. "Aún como casi cualquier cosa. Pero ahora

> Cuando tu cuerpo dice, "No quiero más postre", ¡suelta el tenedor!

noto que treinta minutos después de comer una hamburguesa, me siento perezoso. Cuando ingiero la comida de mi restaurante, me siento *despierto*". Al elegir alimentos más nutritivos, vas a alimentar no sólo tu cuerpo, sino también a todos los aspectos de tu persona.

Nuestros cuerpos también nos dicen si están recibiendo suficiente ejercicio. Ignorar esas señales nos hace sentir débiles, cansados, molestos o incluso deprimidos. En parte se debe a que el ejercicio frecuente nos aporta endorfinas. Al liberarse en nuestro cuerpo durante la actividad física continua, estas hormonas de "sentirse bien" reducen la ansiedad y el estrés, disminuyen el dolor, bajan la presión sanguínea, fortalecen el sistema inmune, mejoran la memoria y frenan el proceso de envejecimiento. Después de leer esta lista, ¿no te parece obvio que nuestros cuerpos fueron hechos para ser nutridos con endorfinas frecuentemente? Como si todos estos beneficios no fueran suficientes, el ejercicio frecuente puede reducir la velocidad de la pérdida de músculos y huesos que ocurre a medida que envejecemos. Mantener tu flexibilidad mediante el yoga o ejercicios de estiramiento ayuda a aliviar el dolor, mejorar la circulación y conservar la movilidad. Cualquier cosa que nos ayude a reconectarnos con nuestro cuerpo —masajes, acupuntura, baños con agua tibia, jacuzzis, saunas o simplemente ir a caminar en cualquier entorno natural que esté disponible para nosotros— será útil para sintonizar con nuestro estado físico.

La necesidad de descanso de nuestro cuerpo es otra petición que frecuentemente ignoramos. Incluso si logramos dormir lo suficiente, muchos de nosotros pasamos los días en un estado de perpetuo apuro, y rara vez detenemos nuestra actividad física o mental para relajarnos y recargar las baterías, siquiera por algunos minutos. Nos haría bien aprender la lección de los gatos, que relajan naturalmente todas las partes de su cuerpo que no están utilizando en ese momento. Sea lo que fuere que estamos haciendo —trabajando en la computadora, cenando con amigos o corriendo— podemos tomar el hábito de relajar los músculos de nuestro cuerpo que no estemos utilizando para esa actividad. Examina tu cuerpo rápidamente de vez en cuando, liberando conscientemente la tensión de los músculos que no estés utilizando. ¡Tal vez te sorprendas de ver que tus hombros descienden varios centímetros!

Poner tu atención consciente en tu cuerpo es un ejercicio que aumentará tu valoración de tu ser físico, y hará que respondas más a sus señales. Por ejemplo, si estás caminando, sintoniza todas las percepciones sensoriales: el movimiento de tu cuerpo, cómo se siente tu ropa y el aire sobre tu piel, tu respiración, los sonidos y las imágenes que te rodean. Presta atención

> Cambia tu enfoque desde cómo te *ves* en el exterior a cómo te *sientes* en el interior.

también a las sensaciones internas, como la transferencia del peso de un pie al otro y todos los músculos que trabajan a la par para mantenerte equilibrado.

Aprender a sentirte como un ser completo, desde el interior, podría ser el obsequio más precioso que le des a tu cuerpo. Además de alentarte a tomar decisiones conscientes acerca de tu alimentación y ejercitación, esta práctica te ayudará a pensar en ti como una de las posibles maneras de ser hermoso *todo el tiempo*.

*La relación que tienes con tu propio cuerpo afecta directamente
la calidad y profundidad de todas tus relaciones,
especialmente las íntimas. A medida que aprendas a tratarte
con mayor compasión y aprecio, y a reconocer tu propia belleza,
te será más fácil conectarte con otro ser humano
en un nivel profundamente íntimo.*

3

Aligerar tu equipaje

Para crear espacio en tu vida para una nueva relación o para mejorar la que tienes actualmente, es hora de comenzar a soltar todo aquello a lo que te aferrabas y que impide que experimentes una verdadera intimidad. Este proceso te llevará a un nivel de consciencia de ti mismo que te dará más energía, percepción, flexibilidad y libertad, y hará que estés mucho más disponible para la experiencia del alma gemela.

A menudo escuchamos que una persona carga con "demasiado equipaje" como para estar lista para una relación comprometida y unida. Con cuarenta años, Elías se había casado y divorciado dos veces. Aún hoy es propietario y administrador de un negocio con su primera esposa y una propiedad para renta con la segunda. Cuando comenzó a tener citas nuevamente después de su segundo divorcio, Elías sintió una y otra vez que todo este "equipaje" era un gran golpe en su contra.

Después de tres años de este tipo de rechazo, Elías conoció a

Liana. En lugar de ver a las anteriores esposas de Elías como una carga, Liana las consideraba como una oportunidad de conocerlo mejor. "Me hubiese encantado conocer a Elías cuando era más joven, así que es genial tenerlas a ellas", dice Liana. "Ellas me cuentan historias de cuando él estaba en la escuela secundaria". Liana y Elías han estado casados por varios años. "Soy muy unida a sus dos ex esposas", dice ella. "¡En realidad digo que son mis cuñadas!" Entonces, ¿quién cargaba con equipaje en este caso: Elías o las mujeres con las que había salido antes de conocer a Liana?

> **Tu relación eventualmente te cobrará por cada kilo de equipaje con el que ingreses en ella.**

A partir de la historia de Elías, podemos ver que el equipaje no siempre es lo que pensamos. No se trata necesariamente de nuestras circunstancias, de nuestro pasado ni tampoco de los problemas que estamos tratando de resolver actualmente. *El equipaje a menudo es simplemente la falta de flexibilidad para aceptar lo que se presenta en nuestra vida o en la de alguien más.*

En las próximas páginas, tendrás la oportunidad de investigar cuidadosamente tu propio equipaje, es decir, cualquier cosa que tenga el potencial de impedir que te conectes verdaderamente con otra persona. Para que esta investigación sea lo más útil posible, no sólo eches un vistazo al material para encontrar las "respuestas". En lugar de eso, comprométete a intentar conocerte mejor explorando las ideas de este capítulo. Sé honesto contigo mismo. Al mismo tiempo, trátate con compasión: *todos* tenemos nuestro equipaje. Lo que es importante es reconocerlo y minimizar sus efectos sobre nuestras relaciones.

El monólogo interno de nuestras carencias

Un sentimiento subyacente o recurrente de vacío, soledad o anhelo es algo que muchos de nosotros, sino la mayoría, ha experimentado en algún momento u otro. Sin importar lo intensas que puedan ser nuestras vidas —una carrera satisfactoria, riqueza material y muchos amigos— podemos cargar con un sentimiento tenue de que falta algo importante. Estos sentimientos de carencia se alimentan de una corriente continua de pensamientos negativos acerca de nuestras vidas y de nosotros mismos. Michael Naumer llamó a esta continua conversación interna el "monólogo interno de nuestras carencias".

Hemos creado numerosas maneras de distraernos de nuestro sentimiento interno de carencia. Escapamos a través del entretenimiento, los pasatiempos o las adicciones; llenamos nuestra agenda con actividades y compromisos; o incluso manifestamos un drama constante. Pero el principal lugar al que muchos de nosotros acudimos para enfrentar el monólogo interno de nuestras carencias son nuestras relaciones.

El problema es que, todo lo que nos pueda ofrecer nuestro ser querido —reconocimiento, aliento, aprobación, aceptación— nunca será suficiente para terminar el monólogo interno de nuestras carencias. Una vez que nos damos

> **Muchas veces, sin darnos cuenta, arrastramos una maleta llena de problemas cuando iniciamos una nueva relación, la dejamos a los pies de nuestra pareja, y decimos, "¡arregla esto por mí!"**

cuenta de que nuestra pareja no es la persona que nos hará felices o que nos dará todo lo que pensamos que necesitamos para sentirnos completos, es probable que nos sintamos desilusionados, desanimados y tal vez incluso resentidos.

La forma de escapar de esta trampa es comprometerte a ser el "único" que se ocupará de los monólogos internos de tus carencias. Cuando dejas de necesitar la aprobación de tu pareja, entonces el aliento, el amor o la guía que él o ella te ofrezca será lo mejor que pueda darte, y vendrá desde un lugar de amor. Cuando la validación deja de ser la razón principal por la que estás en una relación, puedes explorar, disfrutar y valorar todo lo que una relación tiene para ofrecerte.

Débora, maestra de preescolar, tiene experiencia con esto. "Sólo recientemente admití cuán profundo era mi sentimiento de necesidad y la energía que requirió poder esconderlo de los demás. He tenido grandes desilusiones en mis relaciones porque intentaba alguien se deshiciera de este hoyo sin fondo de mis anhelos. Darme cuenta de que nadie más puede hacer que eso desaparezca por mí está transformando mis relaciones".

"Veo en mi interior"

La intimidad a veces se puede entender como "ves en mi interior", u ocasionalmente como "veo en mi interior". Debido a que nuestras relaciones con los demás son en realidad una extensión de nuestra relación con nosotros mismos, es esencial decir "veo en mi interior" para que sea posible decir luego "ves en mi interior".

Las personas que están genuinamente dispuestas a verse a sí mismas y aceptar sin condiciones lo que ven son capaces de alcanzar un nivel más alto de relación. Cuanto más nos conocemos y nos aceptamos —desde nuestros temores e inseguridades, hasta nuestras motivaciones y talentos— más abiertos, más honestos y más receptivos seremos hacia los demás.

Tener intimidad con uno mismo es liberador. A medida que llegamos a conocer quiénes somos realmente, nos volvemos más fuertes: nos sentimos más cómodos, más seguros y más efectivos en este mundo. Se nos abren ventanas de oportunidades, que se tornan visibles cuando ya no nos distraemos con las cosas que hemos estado tapando o evitando ver. Esta nueva claridad también nos ubica en una mejor posición para efectuar cambios positivos en nuestras vidas.

A pesar de todo lo que hay por ganar a partir de una mayor intimidad con uno mismo, muchos de nosotros —motivados por temor al rechazo, la vergüenza o las críticas— hemos ideado incontables maneras para evitar vernos con claridad. A menudo evitamos a las personas o situaciones que podrían causar que miremos profundamente dentro de nosotros. Nos alejamos de los libros o películas introspectivos, o que examinan nuestra consciencia; nos sentimos más cómodos con charlas triviales que con mantener conversaciones profundas. Utilizamos el entretenimiento y el Internet como una escapatoria. Evitamos estar solos aceptando invitaciones a eventos que no nos interesan o conservando relaciones por mucho tiempo después de que éstas dejaron de ser una experiencia positiva.

Piensa en las formas en que evitas tener tiempo para ti mismo. ¿Te mantienes demasiado ocupado con el trabajo, con proyectos, leyendo correos electrónicos o con las redes sociales? ¿Planificas actividades para ocupar todas tus noches y fines de semana libres? ¿Enciendes el televisor o pones música cuando hay un espacio de silencio en tu casa?

Si esto te suena familiar, puede ser que estés tratando de evitar los sentimientos de soledad, inseguridad o ansiedad que surgen cuando estás solo. Aunque puede parecer contrario a la intuición, el único camino hacia la libertad es dejar de intentar *rodear* a estos sentimientos y *atravesarlos* en su lugar. Estos temores, muchos de los cuales puedes estar cargando desde tu niñez, seguirán estando contigo hasta que finalmente te permitas experimentarlos.

En lugar de huir de tus sentimientos de ansiedad, soledad o duda llamando a un amigo, navegando por Internet o sintonizando el canal de noticias, aprende a permitirte experimentarlos por completo. En este ejercicio, el objetivo es que *proceses y liberes estas emociones sintiendo todos sus efectos en tu cuerpo sin agregarles más pensamientos negativos.*

Al principio puede que te opongas firmemente a este ejercicio. Tal vez has estado evitando hacer esto exactamente porque tienes miedo de que los sentimientos te desborden. Sin embargo, lo que descubrirás es que al permitirles espresarse, estos temores y sentimientos reprimidos y acumulados comenzarán a desaparecer.

Después de que surjan estos sentimientos incómodos, encuentra lo antes posible un lugar donde puedas estar solo. Cierra los ojos y concentra tu atención en lo que estás experimentando. Deja que los pensamientos que aparecen pasen de largo, y mantén tu atención en las sensaciones físicas que estás teniendo. La idea es *sentir realmente los efectos de las emociones que estuviste reprimiendo.*

A medida que permites que estas emociones que han estado atrapadas dentro de ti se manifiesten, puede

> **Cuando te sientes cómodo *contigo* mismo, es muy probable que te sientas cómodo compartiendo tu ser con otros.**

que experimentes una corriente de temores o una intensa tristeza. Continúa haciéndolo. Siempre que no alimentes esos temores con más pensamientos negativos, eventualmente empezarás a experimentar un profundo sentimiento de alivio, de calma e incluso de gratitud o paz.

Para llevar este ejercicio un paso más allá, no esperes a que el monólogo interno de tus carencias se inicie por sí solo. Puedes sintonizar tus temores y emociones enterrados pasando intencionalmente un poco de tiempo a solas, sin distracciones como una computadora, un teléfono o incluso un libro. Simplemente mantente tranquila observando los sentimientos que surgen y permitiéndote experimentarlos en su totalidad.

Algunas personas utilizan la meditación para conectarse con los sentimientos que han estado negando o reprimiendo. Victoria descubrió que la meditación la ayudó a sanar después del final de su matrimonio. "Para estar lista para una relación viva", dice ella, "tuve que volver a la vida yo también. Tuve que ser muy honesta conmigo misma sobre la ira y el temor que había intentado evitar, antes de que pudiera sentir la pasión que también habitaba en mí. La meditación me sirvió como un camino hacia y a través de esos sentimientos".

Quítate la máscara

Otro impedimento para lograr sentir la intimidad —no sólo con otras personas, sino también con nosotros mismos— es nuestro ego. Podríamos estar ocultando quiénes somos en realidad escondiéndonos detrás de nuestros logros, posesiones, títulos, maquillaje o vestimenta. Puede que nos sintamos más fuertes cuando denigramos a otras personas, incluso si es de manera sutil.

Aunque un ego exagerado puede tener un éxito transitorio en tapar sentimientos de inseguridad o insuficiencia, hace que la verdadera intimidad no esté disponible para nosotros. Piensa lo que sucede cuando se enfrentan dos egos. Ambas personas saben que tienen razón, y ninguno está abierto a entender la perspectiva del otro. Por otra parte, una verdadera valoración de ti mismo te hará estar más disponible para tener conexiones auténticas, de corazón a corazón, que van más allá de lo que la mayoría de las personas experimentan.

Mientras revisas estas sugerencias, recuerda que la idea no es eliminar tu ego, sino aumentar tu conocimiento sobre él.

- Mantente alerta ante cualquier manera en que intentes disfrazar quién eres. Si estás separado, no estás en forma, y tienes cuarenta y nueve años, evita tildar los casilleros que dicen "soltero", "atlético" y "entre 40–45 años" en tu perfil para conseguir citas.

- Intenta recordar si alguna vez fingiste ser una persona distinta. Cuando Leandra le dice a la gente que tiene títulos en Bellas Artes y Administración de Empresas, evita mencionar que son de una institución terciaria y espera que las personas supongan que son títulos de licenciatura o doctorado.
- ¿De qué maneras intentas esconder tus motivos? ¿Eres evasivo a veces u ocultas la verdad? Roberto dice que no le gusta la comida que sirven en ciertos restaurantes, cuando en realidad lo que no le gusta es que no sirven alcohol.
- ¿Cómo intentas tapar tus inseguridades? Andrés, que mide 1.55 m, dice: "Tiendo a ser arrogante para ocultar mis inhibiciones con respecto a mi estatura".

Ten en cuenta que ninguno de estos comportamientos es necesariamente negativo; depende de la situación y de tu intención. Lo crucial es estar alerta a tus motivaciones cuando haces esto.

Si piensas que rara vez haces alguna de las cosas mencionadas anteriormente, puede que te sorprenda descubrir que en realidad sí las haces, incluso si es en ocasiones muy poco frecuentes o de maneras muy sutiles. Jacobo se separó recientemente de su esposa, y tuvo que mudarse. Al hablar con el propietario de un departamento, Jacobo se sintió motivado a mencionar que era dueño de una sustancial propiedad al otro lado de la ciudad. "El hombre obviamente estaba convencido de alquilarme el lugar, así que no tuve que probar mi capacidad de crédito",

> La verdadera autoestima no depende de lo que otros piensen de ti.

dice Jacobo. "Era solamente para mostrarle que no era un inquilino potencial, sino que además tenía éxito material".

- Nota cuando dices o haces algo para impresionar a los demás. A veces hacemos preguntas solamente para darnos la oportunidad de ofrecer nuestra propia opinión o contar nuestra historia ("¿Ya aprendió a caminar tu bebé? Ah bueno, mi hijo caminó a los nueve meses"). O puede que digamos algo con el único propósito de demostrar nuestra inteligencia o conocimiento sobre el tema. Para recibir reconocimiento de su ser querido, Malena dice: "Hago verbalmente una lista de todas las cosas que hice ese día para mostrar cuán valiosa soy". Amara admite: "Cuando no me siento reconocida por tener buenas ideas y ser inteligente, tiendo a contar en algún momento inapropiado algo que hice, y termino sintiéndome muy estúpida". Puede que usemos símbolos de estatus para demostrar que tenemos buen gusto o poder adquisitivo. Santiago dice que compra ropa sólo por la marca y siempre tiene los aparatos tecnológicos más novedosos.

Por supuesto que es absolutamente posible disfrutar y apreciar las prendas de diseñadores o un reloj de precisión o un auto sin intentar aumentar tu autoestima a través de ello. La idea es estar atento a tu *motivación*.

- Vigila la tendencia a hacer o decir cosas con la única razón de ser reconocido.
- Mantente alerta ante otras señales del ego en funcionamiento, como monopolizar conversaciones o competir por ser el centro

de atención. La necesidad de tener razón es una de las maneras más preponderantes e insidiosas en las que nuestro ego intenta sentir que tiene el control.

- Nota incluso las maneras más sutiles en las que criticas o encuentras defectos en los demás para hacerte lucir mejor. "En mi familia, siempre intentábamos hacer que alguien luciera estúpido para sentirnos superiores", confiesa Isadora. "He pasado mucho tiempo intentando deshacerme de este hábito, pero todavía noto que digo cosas para menospreciar sutilmente a las personas". Si tiendes a criticar a otras personas, recuerda que cuando degradas a los demás, estás limitando fuertemente su habilidad para contribuir en tu vida de manera positiva.

- Hazte más consciente de los efectos que tienen sobre tu vida y tus relaciones las comparaciones que haces. Cuando te comparas con otra persona en base a cualquier cosa —tus logros, tu éxito, cómo te ganas la vida o el tipo de auto que conduces— estás generando una competencia que artificialmente aumenta tu autoestima si ganas y la rebaja si pierdes. Como dice Amara: "Tengo el horrible hábito de compararme con los demás, ¡y siempre pierdo!"

> **Aprende a verte como "diferente a" en lugar de "mejor que" o "menos que".**

- Identifica las situaciones que generalmente disparan una reacción de tu ego, y hazte consciente de ellas. Mateo reconoce que cuando tiene que utilizar un sistema de correo de voz muy complicado, se siente cada vez más molesto. Cuando llega a hablar con una persona real, dice, "¡Estoy listo para cortarles la cabeza!" Para otras personas, puede ser que esperar en una fila o estar parados en el tráfico active una reacción que dice: "Soy demasiado importante para tener que hacer esto".

A medida que conoces mejor tu ego, su influencia sobre ti disminuirá gradualmente. Te volverás naturalmente más auténtico y se expandirá tu capacidad para la intimidad.

Abandona las adicciones y los hábitos no saludables

Las adiciones —desde pasatiempos compulsivos hasta el abuso de sustancias— son algo que también utilizamos en nuestro intento por escapar de los sentimientos o de la sensación de insuficiencia. Hay muchas definiciones de adicción, incluyendo lo que se puede considerar "adicciones saludables", como hacer ejercicio compulsivamente. Lo que es una adicción para una persona podría ser un entretenimiento o placer inofensivos para otra. El Internet, por ejemplo, es un recurso valioso para millones de personas, pero con el acceso instantáneo a juegos, compras, salas de chat, redes sociales y pornografía, es un caldo de cultivo de adicciones para muchas otras.

Dependiendo del grado de control que tengan las adicciones sobre nosotros, es probable que perdamos oportunidades para experimentar conexiones verdaderas en

> **Cuanta más energía dediques a las adicciones, menos energía tendrás disponible para tu *vida*.**

nuestras relaciones. Con el tiempo, las adicciones pueden erosionar las conexiones que tenemos actualmente.

Para superar tus adicciones, primero debes reconocer que las tienes.

- Para entrar en contacto con tus adicciones, haz una lista de cualquier actividad o sustancia que ejerza algún tipo de control sobre ti, que haya producido consecuencias no deseadas, o que te haga sentir ansioso, estresado, culpable o avergonzado. Considera tanto las adicciones clásicas —a sustancias como la cafeína, el alcohol, la mariguana y la comida— como otras actividades, por ejemplo, hacer compras compulsivas, revisar obsesivamente tus mensajes o manifestar constantemente que hay dramas en tu vida.

- Ahora examina si hay otros hábitos o comportamientos inconscientes o compulsivos, como comerte las uñas, interrumpir a los demás, postergar las cosas o llegar constantemente tarde.

- Finalmente, haz una lista de las actividades que sientes que haces en exceso y que no puedes dejar de hacerlas, como navegar por la Web, mirar televisión o hacer rompecabezas.

Cuando Raquel se tomó el tiempo para analizar esto, se dio cuenta de que su adicción principal ni siquiera aparece en la mayoría de las listas de adicciones. Sin embargo es una de las más comunes, especialmente en este mundo que va tan rápido. "Mis rutinas diarias no me dejan tiempo ni motivación para perseguir mis más grandes sueños", dice ella. "Me doy cuenta de que mi adicción —y lo que me impide alcanzar el verdadero éxito que imagino para mí— es la necesidad constante de llenar todo mi tiempo libre".

Una vez que hayas identificado una adicción, es hora de investigar cuidadosamente el daño que te ha causado. Observa todas las maneras en que este comportamiento es perjudicial. ¿De qué forma afecta tu salud, tus relaciones, tus planes, tus sueños o tu carrera? Cuando Juan finalmente reunió el coraje para revisar las consecuencias de su adicción a la pornografía, vio que le dejaba poca motivación para pasar tiempo con su esposa o sus hijos. También hacía que desatendiera sus responsabilidades en el trabajo, y sus hijos corrían el riesgo de ser expuestos a un material inapropiado.

Ahora bien, en lugar de ver tu adicción como algo que *tienes* (es decir, "tengo una adicción a . . ."), mírala como una *elección* que haces a cada momento. De esta manera, la adicción se convierte en una decisión del día a día, momento a momento, donde eliges si involucrarte o no en una actividad particular.

Josué trató de reducir el tiempo que mira televisión durante meses, pero tuvo poco éxito. No obstante, una vez que empezó a ver su adicción como una elección que hacía cada día, fue más fácil para él optar simplemente por algo diferente. "Pensé en hacer un experimento: apagarla por una semana y ver qué sucedía. Esa semana marcó una gran diferencia".

Con deseo y determinación, a menudo puedes lograr por ti mismo un progreso significativo en atenuar la influencia de las adicciones. También hay muchos recursos disponibles para ayudar a liberarte de las garras de cualquier cosa que estés listo para abandonar. Si tienes problemas con las drogas o el alcohol, no sólo será inestimable la ayuda de un consejero o un grupo de apoyo para que puedas enfrentar tu adicción, sino que además te darán herramientas que te serán útiles en todas las áreas de tu vida, incluyendo tus relaciones.

> No te castigues por lo que elegiste hoy. Siempre puedes elegir diferente mañana.

Una vez que hayas identificado y reconocido los comportamientos adictivos o habituales que pueden ser un obstáculo para que vivas tu experiencia del alma gemela, hazte la siguiente pregunta: ¿Cuál es la mejor manera de resolver esta adicción o hábito? ¿Es hora de hablarlo con un amigo que me aliente, o conseguir ayuda de un consejero o un grupo que se enfoque en este problema? ¿O tienes la suficiente motivación y fuerza de voluntad para hacerle frente tú solo, con la inspiración que te proveen los libros, sitios web, amigos y familiares?

Abraza tus dones únicos

Todos tenemos talentos y habilidades especiales. Algunos sabemos escribir bien o cocinar platos exquisitos. Puede que tengamos un don con los niños, talento para la jardinería o una habilidad artística. Sin embargo, muchos de nosotros tendemos a minimizar nuestros dones. Puede ser que incluso de pequeños nos hayan desalentado de hablar acerca de nosotros mismos o de nuestros logros de manera positiva. "No alardees. No seas presumido". A menudo minimizamos o ignoramos nuestros talentos especiales y no desarrollamos ni valoramos nuestros dones.

Ampliar tu consciencia sobre tus dones no es igual a ser arrogante, superficial o egocéntrico. De hecho, cultivar tus habilidades especiales es una forma de devolverle algo al mundo. Cuando ocultamos nuestros dones, no podemos desarrollarlos por completo, disfrutarlos o compartirlos. Si nosotros de alguna manera nos resistimos, ignoramos o simplemente no vemos quiénes somos nos estamos poniendo en desventaja cuando se trata de crear relaciones afectivas estrechas y unidas. Cuando reconocemos y abrazamos nuestros dones, estamos en posición de aplicarlos lo mejor posible.

> No ver lo hermoso, capaz o talentoso que eres puede ser una barrera para llegar a una conexión real en tus relaciones.

Si tienes dificultades para ver tus propios dones, podrías hacer la siguiente pregunta a uno o dos de tus amigos cercanos: *¿Cuáles crees que son mis cualidades más positivas?* Debes saber que si tu amigo ve esas cualidades en ti, es porque están allí, ¡así que toma nota!

Muchas personas dejan los cumplidos de lado con un agradecimiento rápido y un comentario despreciativo hacia sí mismos. La mejor respuesta que puedes dar a un cumplido es reconocer la verdad que hay en él y abrirte a esa verdad. La próxima vez que alguien te dice un cumplido, deberías considerar decirle simplemente: "Gracias por notar eso en mí".

Libérate del resentimiento

El resentimiento puede ser la mochila más pesada que tenemos que cargar. Irónicamente, también puede ser la más fácil de soltar una vez que comprendemos su verdadera naturaleza. *El resentimiento es el dolor que sentimos cuando creemos que otra persona debería haber hecho algo distinto a lo que hizo.*

El resentimiento está muy relacionado con el arrepentimiento, la culpa, el remordimiento y la vergüenza. Estas son todas formas del dolor que sentimos cuando creemos que debimos haber hecho algo diferente a lo que en realidad hicimos.

Aunque no puedes borrar las experiencias que has tenido, puedes cambiar radicalmente cómo interpretas actualmente los recuerdos de esas experiencias. Liberar tu resentimiento no significa que estés justificando las acciones de nadie. Es algo que haces *por ti mismo* para finalmente dejar de recrear tu sufrimiento cada vez que contemplas este aspecto de tu pasado.

Debemos tomar consciencia del significado que le asignamos a nuestras experiencias, especialmente porque a menudo les damos un significado que nos hacen sentir mal o débiles de alguna manera. *Asignamos significado a lo que vemos a través de la lente que elegimos para mirar.* Por ejemplo, algunos de nosotros interpreta-

> Cada vez que interpretamos una experiencia pasada de la misma manera que lo hicimos antes, producimos la misma respuesta emocional.

mos la realidad a través de la lente de la "falta de amor". Si el novio de Alicia no la llama, puede que ella evalúe su comportamiento a través de esa lente y decida que la ausencia de una llamada telefónica significa que a él no le importa. Si miramos a través de la lente de la "falta de amor", casi cualquier cosa que un ser querido haga —como no preguntarnos antes de tomar una decisión, u olvidar contarnos que tuvieron novedades de un viejo amigo— puede ser vista como prueba de que no nos aman. Creemos en la falta de amor, por lo que vemos evidencia de ello por todos lados.

Si interpretamos las acciones de una persona a través de la lente de la "falta de amor" (o la lente del "rechazo", o del "abandono", entre otras innumerables opciones), estamos destinados a sufrir de alguna manera. Lo que debemos hacer es interrumpir nuestra reacción típica y tomar consciencia de las lentes que estamos utilizando para interpretar nuestras experiencias.

> **Podemos liberarnos del pasado cambiando la forma en que nos relacionamos con él en el presente.**

Mirar tu resentimiento y tu arrepentimiento a través de una nueva lente te permite cambiar el significado que le has asignado a las personas y los eventos de tu vida. Cuando eliges mirar a través de una lente nueva, transformarás la experiencia que tienes de esas personas o situaciones.

Para comenzar el proceso de purga de tus resentimientos, siéntate y haz una lista de las distintas maneras en que culpas a otras personas (pueden ser padres, hermanos, amigos o amantes anteriores) por las circunstancias o condiciones de tu vida. Además toma nota de cualquier remordimiento que tengas sobre tu pasado.

Cuando hayas armado una lista, dales un orden de prioridad en función de los resentimientos que crees que serán los más fáciles de abandonar. Luego experimenta con las lentes que describimos más abajo. Prueba cuántos de tus resentimientos puedes disolver utilizando algunas de estas lentes.

La lente de "no tiene que ver con mi valor"

Cuando tenemos problemas con nuestro propio valor, a menudo interpretamos lo que hacen los demás como si significara algo acerca de nuestro valor. La lente de "no tiene que ver con mi valor" aliviará una gran parte del sufrimiento causado porque creemos que las acciones de otra persona indican algo acerca de nosotros mismos.

Imagina que alguien se presenta media hora tarde en la primera cita. Puede que decidas que el retraso de tu cita tiene algún significado relacionado contigo. Cargando con la evidencia de cómo te han menospreciado, probablemente estés notablemente molesto y actúes despreciativamente cuando la otra persona llegue.

Pero supongamos que cuando notas que te estás molestando, tomas el camino de ver la situación a través de la lente "no tiene que ver con mi valor". Podrías entonces fácilmente tomar la decisión de disfrutar de tu tiempo, aún cuando la persona con quien tienes una cita está retrasada (o tal vez no se presente), apreciando el lugar donde estás: la vista, el trago que ordenaste o la gente que mira. Puedes conversar con las personas de la mesa de al lado o utilizar la oportunidad para redactar esa carta que querías escribir.

Cuando esa persona aparezca, puede que incluso te sientas con ganas de tomar un riesgo y compartir auténticamente con él o ella todo lo que estuviste pensando mientras esperabas. ¿Quién sabe? Una conversación verdadera como ésta puede sentar las bases de una relación maravillosa.

> **Respetamos a las personas que aceptan lo que hacemos y lo que decimos sin que eso "signifique" algo.**

Muchos de nosotros nos beneficiaríamos si tuviésemos la lente del "no tiene que ver con mi valor" con nosotros todo el tiempo. Cuando nuestra pareja se olvida de hacer algún mandado o no limpia lo que utiliza, podríamos tomarlo como un reflejo de lo que siente por nosotros y así elegir el resentimiento. No obstante, nuestra experiencia será mucho mejor si nos entrenamos para no interpretar esas acciones como muestra de que no le importamos a nuestra pareja.

La lente del "todos hacen lo mejor que pueden"

Cuando juzgamos a alguien, puede que creamos que nosotros jamás hubiésemos hecho algo así. Pero si hubieses tenido la vida de esa persona, y exactamente las mismas experiencias y creencias que ella, es muy posible que hubieras hecho exactamente lo mismo.

Cuando tienes quejas acerca de lo que otra persona hizo o está haciendo, hay algo acerca de esa situación que no sabes. Si conocieras toda la historia —si vieras la situación claramente desde todos los ángulos y desde las perspectivas de todos los involucrados— puede que llegues a la conclusión de que esta persona está haciendo lo mejor que puede, dada su historia, su sistema de creencias, sus experiencias y sus circunstancias actuales.

> Si juzgas a otra persona, puedes estar seguro de que hay algo acerca de esa situación que no conoces.

Algunas personas, por ejemplo, tienen resentimiento hacia sus padres por la manera en que fueron criados. La lente del "todos hacen lo mejor que pueden" nos permite ver que incluso si nuestros padres eran abusivos o nos descuidaban, pudo igualmente haber sido lo mejor que podían hacer en ese momento. Este cambio de perspectiva puede acelerar en gran medida nuestro proceso de sanación y darnos la libertad de seguir adelante.

Alexia había sido criada solamente por su padre, un alcohólico abusivo. Ella utilizó la lente del "todos hacen lo mejor que pueden" para volver a mirar su niñez y todas las cosas que le causaban resentimiento por la forma en que su padre la había tratado.

> No puedes cambiar las experiencias que viviste, pero puedes cambiar la forma en que las experimentas hoy.

"Al principio quería seguir argumentando que no había excusa para lo que él me había hecho", dijo, "pero luego se me ocurrió que él no había tenido buenos modelos a seguir. Su padre lo había maltratado, y probablemente *el padre de éste* a su vez también lo maltrató a él. Él no tenía ningún concepto de cómo criar a una hija, especialmente cuando tuvo que hacerlo solo. Era más de lo que él podía manejar. Puedo ver que, dados sus antecedentes, yo podría haber sido una madre tan deficiente como lo fue él". Alexia ahora se siente en paz con su pasado. "Lo que hizo mi padre estuvo mal en el sentido de que no era la forma de tratar a un niño, o a cualquier ser humano. Él aún es alguien con quien yo no elegiría compartir mi tiempo. Pero me di cuenta de que la ira que cargaba durante tanto tiempo en realidad era un maltrato hacia mí misma. Estoy contenta de haberme liberado de eso".

Esa lente también es poderosa cuando la aplicas a ti mismo. Cuando la giras hacia ti, se convierte en "estoy haciendo lo mejor que puedo".

Supongamos que por muchos años has sentido el peso de la culpa por un aborto voluntario que tuviste cuando eras adolescente. Si hubieras sabido entonces lo que sabes ahora, puede que tu elección hubiese sido diferente. Pero no fue así. Cargar con esta culpa no te sirve de nada. Y si alguna vez quisieras usar tu experiencia para ayudar a otros —por ejemplo, asesorando a alguien que está en una situación similar— tendrías mucha más eficacia si lo haces desde la comprensión, y no desde una posición de culpa.

La lente de "las personas son sorpresas milagrosas"

Aunque parezca raro al principio, la lente de "las personas son sorpresas milagrosas" puede ser útil cuando nos damos cuenta de que juzgamos a los demás.

Zena y Estefan se divorciaron después de quince años de matrimonio y tienen dos hijos juntos. "Los primeros años después de eso", dice Zena, "estaba resentida porque él me había dejado por otra persona, sin darme una advertencia ni tiempo para adaptarme. Y también estaba resentida con Estefan porque él era feliz y yo no". Finalmente, Zena se dio cuenta de que no tenía necesidad de seguir sufriendo. En lugar de eso podía elegir ver a Estefan a través de la lente de "las personas son sorpresas milagrosas" y simplemente valorarlo por lo que él *aporta* a su vida. "Sigue siendo un padre genial para nuestros hijos. Él los mantiene. Incluso me ayuda cuando necesito una

> **Los resentimientos con respecto a una pareja anterior, si no los sanamos y los soltamos, a menudo conducen a tener expectativas para con la siguiente.**

mano con proyectos de la casa, aunque él ya no vive aquí". Zena dice que interactuar con Estefan (algo que hará por el resto de su vida) es más agradable cuando lo ve a través de esa lente.

Solana cuenta sobre una amiga que estaba atravesando tiempos difíciles y se mudó a su casa por unos meses hasta que pudiera organizar su vida. "Una mañana entré a mi cocina y vi un charco de agua en el piso, debajo del dispensador. Aparentemente mi amiga se había servido un trago durante la noche y dejó la válvula del dispensador abierta. Mi hermoso piso de bambú tenía ahora una ondulación permanente en el lugar donde había estado el agua durante toda la noche. Cuando noté que comenzaba a tener resentimiento, recordé la lente de 'las personas son sorpresas milagrosas'. En ese momento, vi que podía usar esa imperfección en mi piso como recordatorio de lo valiosas que son las amistades. Ese recordatorio diario de que debo apreciar mis amistades es un regalo que me dio esta maravillosa mujer".

> Dejarás de crear nuevos resentimientos cuando aprendas a utilizar estas lentes en el momento que algo dispara en ti una reacción.

La lente de "sólo una de las posibles maneras de ser humano"

Si no estás del todo listo para ver a alguien como una sorpresa milagrosa, prueba con la lente de "sólo una de las posibles maneras de ser humano". Es algo que a menudo funciona cuando las otras lentes fallan. Podríamos llamarla la lente de último recurso.

"La encuentro útil cuando simplemente no puedo creer que otra persona haga lo que está haciendo", dice Bernardo. "Ayuda a poner las cosas en perspectiva".

La lente de "sólo una de las posibles maneras de ser humano" puede ayudarnos a abandonar poco a poco nuestros prejuicios. Dante siempre se sentía incómodo cuando las personas le pedían una moneda. Él evitaba hacer contacto visual con ellos y se los quitaba de encima murmurando, "No, no tengo", mientras hacía un gesto desdeñoso con mano. Ahora dice: "En la actualidad, cuando alguien me pide dinero, pienso, 'Esta persona es sólo una de las posibles maneras de ser humano', y cualquier juicio que se estuviera formando, desaparece inmediatamente. Entonces estoy en una mejor posición para decidir qué tipo de respuesta voy a darle a esta persona en particular. Al menos los miro a los ojos y sonrío, y me siento bien con eso".

¿Qué pasa si a mi pareja no le interesa aligerar su equipaje?

Algunas personas que trabajan activamente para aligerar su equipaje emocional pueden descubrir que están con alguien que no tiene interés en hacer lo mismo. El equipaje, como puedes recordar, es cualquier cosa que tenga el potencial de impedir que vivas una relación de verdadera conexión. Si tu pareja tiene un problema que afecta significativamente la calidad de tu relación —tal como celos, ira o una seria adicción que no haya resuelto— es fácil sentirte confundido y abrumado.

Tienes tres opciones cuando tu pareja no está interesada en hacerse responsable de su comportamiento.

Tu primera opción es continuar respondiendo ante esta situación de la manera que lo estabas haciendo, ya sea tratando de ayudar a tu pareja a reconocer o resolver sus problemas, o enojándote o aislándote. Podemos elegir esta opción por años antes de llegar a entender que, por ahora, nuestra pareja simplemente no está lista para cambiar. Hasta que tu compañero o compañera te pida algún tipo de ayuda, presionarlo para que cambie sólo les causará frustración y resentimiento a ambos.

Tu segunda opción es marcharte. Esta puede ser una decisión muy difícil de tomar, especialmente si hay hijos de por medio o han estado juntos por un largo tiempo. Muchas personas no eligen esta opción hasta después de pasar años luchando por mejorar su relación. Casi siempre es lo mejor para alguien que está viviendo una situación abusiva o violenta. Si tú estás en una situación así, debes saber que hay grupos de apoyo, servicios y refugios disponibles para ti. Realmente *existen* personas con corazones abiertos y amorosos dispuestas a ayudar.

Si eliges esta segunda opción —marcharte— esfuérzate por hacerlo desde una posición de amor y compasión, teniendo en mente los intereses tuyos y los de tu pareja. Ya sea que tu pareja pueda actuar desde el amor o no, la transición será más suave para ambos aún cuando solamente tú puedas

> Cada relación que tenemos nos ofrece oportunidades perfectas para crecer y expandirnos.

actuar con compasión (e incluso si sólo puedes hacerlo parte del tiempo). Además, de esta manera acumularás mucho menos equipaje emocional, lo cual hace que sea más fácil para ti ser receptivo y estar listo para una nueva relación cuando llegue el momento.

Tu tercera opción —y a menudo la que genera las mayores transformaciones— es quedarte por ahora pero *cambiar tu experiencia*. Puedes hacer esto al reconocer que estás eligiendo permanecer en la relación por ahora y que el comportamiento de tu pareja es así por el momento. Básicamente, te esforzarás por aceptar las condiciones en las que te encuentras, *por ahora*.

Tomar la decisión de cambiar tu experiencia liberará la energía que has puesto a resistirte y te permitirá poner más empuje y concentración en todas las cosas de tu vida que sí amas. Te dará espacio para *respirar*.

Al adquirir más conocimientos sobre cualquier cosa que podría estar impidiendo que seas abierto y auténtico, crearás un ambiente interior saludable para estar en una relación. Aligerar tu equipaje emocional —ya sea hacerte responsable del monólogo interno de tus carencias, tomar consciencia de tu ego y de tus adicciones, aprender a aceptar y desarrollar tus dones o liberarte del resentimiento— te hace estar mucho más disponible para vivir la experiencia del alma gemela.

4

Aumentar tu potencial de alma gemela

Millones de nosotros soñamos con experimentar una relación profundamente unida que se haga más intensa e íntima con el tiempo. Creemos que nuestras almas gemelas —con quienes estamos sincronizados emocional, física y espiritualmente— están en algún lado, ¡si sólo supiéramos cómo encontrarlas! Sin embargo, para la mayoría de nosotros, una relación con un alma gemela no es algo que aparecerá de repente cuando, por arte de alguna magia cósmica, nos tropecemos con esa única persona en el planeta que es perfectamente compatible con nosotros. En lugar de dejarlo al azar, hay cambios que puedes implementar ahora mismo para invitar a que la experiencia del alma gemela entre en tu vida.

Casi todos los días nos inundan con el mensaje de que si compramos el producto adecuado, hacemos los ejercicios correctos, nos vestimos con el atuendo indicado, o buscamos en el lugar apropiado, encontraremos "la persona indicada". Pero seamos realistas. Si estos enfoques para hallar a nuestro compañero ideal realmente funcionaran, la tasa de divorcios se desplomaría y una mayor cantidad de personas disfrutarían de relaciones más saludables y felices.

El problema es que salir a buscar a "la persona indicada" no es suficiente. Los sitios de citas en línea nos ofrecen "coincidencias altamente compatibles" basándose en detalles de nuestra personalidad, valores, intereses y metas. Pero la verdad es que incluso lo que parece una coincidencia ideal comenzará a perder su brillo con el tiempo si ambas personas no desarrollan y alimentan cualidades que continuamente infundan nueva vida a su relación.

Así que la primera pregunta que debemos hacer no es "¿Cómo puedo *encontrar* a mi alma gemela?", sino "¿Cómo puedo *ser* un alma gemela?".

Ser un alma gemela es un enfoque de la vida. No necesitas haber resuelto todos tus asuntos o tener una autoestima elevadísima para atraer la relación iluminada que deseas. Lo que sí se requiere, son dos cosas:

- En primer lugar, necesitas estar dispuesto a tomar responsabilidad por tu propia experiencia en tus relaciones. Si has estado utilizando algunas de las ideas de los capítulos 1, 2 y 3, ya estás haciendo esto.

- En segundo lugar, necesitas el deseo de cultivar cualidades que harán todas tus relaciones más alegres, significativas, y vivas, cualidades como las que se describen en este capítulo.

Con estas dos cosas, no sólo estarás más disponible para una relación con tu alma gemela, sino que también podrás identificar con mayor facilidad a otras personas que también estén disponibles para vivirla. Más precisamente, estarás en posición de *crear* tu experiencia del alma gemela. Es posible que eso te parezca más fácil —y más gratificante— que simplemente esperar a que una te "llegue".

Encarar la vida con espíritu de descubrimiento

En lugar de simplemente dejar pasar la vida, las personas con un alto nivel de "potencial de alma gemela" ven sus vidas como oportunidades constantes para la exploración y el descubrimiento de sí mismas. Siempre están expectantes para ver dónde sus creencias, actitudes y hábitos las están reteniendo o no están produciendo las experiencias que desean. Estas personas están abiertas a probar cosas nuevas, aun si saben que podrían sentirse incómodas en ese proceso. También están abiertas a ver el mundo a través de los ojos de otras personas y a cambiar su propia perspectiva cuando ven una oportunidad para crecer o conectarse.

Lo que evitamos ver en nosotros mismos nos afecta de formas que no podemos imaginar. "Lo que sea que tengas y que no quieres que otras personas vean, eso es lo que se interpone entre tú y tus relaciones", diría Michael Naumer. Descubrir y reconocer los comportamientos contraproducentes —o reconocer cuando somos manipuladores, repartimos culpas o juzgamos, por ejemplo— puede ser muy aterrador, e incluso vergonzoso; pero las personas con potencial de alma gemela se anotan para este desafío. En lugar de disfrazar o enterrar sus temores, ellas hacen el esfuerzo de hacerlos aflorar para poder explorarlos y entenderlos. En lugar de ignorar o esconder los asuntos no resueltos de su pasado, ellas continúan buscando maneras de descubrirlos y sanarlos.

Las personas que encaran la vida con un espíritu de descubrimiento saben que cada experiencia e interacción puede ayudarlos en su búsqueda de verse con mayor claridad. Cuando los desafíos se presentan, en lugar de echarse hacia atrás, aceptan la percepción profunda que se obtiene investigándolos. Utilizan todo lo que se presenta para verse mejor a sí mismas. Por ejemplo, cuando observan que están quejándose, es posible que noten una falta de gratitud por todo lo que *sí* tienen. Si habitualmente llegan tarde, pueden ver su propia falta de organización, su tendencia a comprometerse excesivamente o su arrogancia. Si estas personas se observan a sí mismas siendo groseras con alguien, es posible que noten su propio sentido de derecho o de prepotencia. Ellas saben que el simple acto de notar estos comportamientos generará un cambio natural hacia maneras más efectivas y amorosas de relacionarse.

Estas personas buscan ir a lo profundo y conectarse verdaderamente con los demás. Ellos están menos interesadas en qué títulos has alcanzado, cuánto dinero ganas o qué tipo de auto tienes que en explorar y valorar los aspectos más significativos de la vida contigo.

Una herramienta útil para ayudarte a encarar la vida con este espíritu de descubrimiento es la pregunta: *¿Qué puedo aprender de esto?* Cuando sientas que hay una resistencia en ti ante cualquier cosa —ideas, situaciones, eventos o personas— esta pregunta te ayudará a superar esa resistencia y a encontrar maneras de aprovechar al máximo lo que estás experimentando.

Cuando alguien expresa una opinión diferente a la tuya, pregúntate: *¿Qué puedo aprender de esto?* Esto va a reducir en gran medida la necesidad de justificar tu posición o de defenderte de cualquier manera. En su lugar, es probable que descubras que puedes conectarte auténticamente con esta persona y estar genuinamente interesado en comprender su perspectiva. *¿Qué puedo aprender de esto?* puede ser algo muy revelador cuando te resistes a lo que está sucediendo en

> La pregunta *¿Qué puedo aprender de esto?* puede cambiar tu enfoque desde "lo que está mal" hacia "lo que es posible".

determinado momento, ya sea el aburrimiento durante una ceremonia de graduación, la impaciencia mientras visitas a la familia de tu pareja o la frustración con los problemas intermitentes de tu computadora.

Estar abiertos a lo que pueda presentarse

Las personas con un alto potencial de alma gemela saben que abandonar los prejuicios y las expectativas innecesarias acerca del mundo y de lo que ocurre en él los ayudará a navegar por la vida con un mínimo esfuerzo. Estas personas rara vez tienen posiciones firmes sobre cómo deben ser las cosas. Esto no significa que adopten una actitud positiva artificial o que nieguen lo que está pasando o lo que sienten. Significa que cultivan constantemente su habilidad para aceptar "lo que es", *incluyendo* lo que está pasando y lo que están sintiendo.

Estas personas también aplican esta actitud a sus relaciones. En lugar de tener muchas expectativas acerca de lo que otras personas deberían o no hacer, buscan acercarse a cada uno con franqueza y receptividad. Cuando se trata de nuestras relaciones primarias, este cambio de actitud puede ser la diferencia entre una experiencia penosa y una extraordinaria.

Entonces, ¿cómo podemos hacer ese cambio? En primer lugar, debemos entender que tenemos dos opciones de cómo responder a cualquier cosa que ocurra en nuestras vidas. Podemos responder desde la resistencia o desde la aceptación. Todos sabemos lo que obtenemos cuando nos resistimos: sentimientos inmediatos de molestia, frustración o ira. Podemos oírnos decir cosas como "No me sentiré cómodo si Jerónimo trae a su nueva

> Saber encontrar algo positivo en las circunstancias aparentemente más negativas es el gran secreto de las personas verdaderamente felices.

novia a la fiesta" o "No me puedo concentrar con la luz fluorescente. No voy a poder aprovechar bien esta conferencia". Las actitudes como éstas tienen un enorme efecto en cómo se desarrollan nuestras experiencias. Cuando podemos aceptar lo que sucede *de la forma que sucede*, sentimos que navegamos *con* la vida en lugar de hacerlo en contra de ella.

Aceptar "lo que es" en este momento no significa tolerar una situación o renunciar a nuestra capacidad para mejorarla. De hecho, si no desperdiciamos nuestra energía en resistirnos, tendremos más fuerza para adaptarnos a nuestras circunstancias cambiantes.

Supongamos que tu vuelo estuvo retrasado por horas y llegaste a tu destino mucho más tarde de lo que habías anticipado. En la oficina de alquiler de autos, descubres que el vehículo que habías reservado se lo han dado a otra persona y no hay ningún otro disponible. Te enojas con la representante y levantas la voz para que ella (y todos los demás) sepa cuán molesto estás. Mientras estás ocupado insistiendo en que deben hacer algo y demandando ver al gerente, otro pasajero, a quien también le negaron un auto, decide probar con la agencia que está un poco más lejos. Tú todavía estás discutiendo con el agente, que simplemente no tiene nada para ofrecerte, mientras que el otro pasajero se lleva el último auto disponible.

Cuando aceptas lo que está sucediendo en lugar de resistirte a ello, puedes cambiar tu enfoque para identificar y buscar otras posibilidades.

Incluso una leve oposición a una situación impide que la aprovechemos, así que necesitamos aprender a reconocer las señales de que estamos resistiéndonos. Esa simple observación interrumpirá nuestra respuesta negativa habitual. A menudo es más fácil contenernos justo antes de que comience la resistencia, que cuando estamos en medio de una reacción. Eso se debe a que a medida que defendemos nuestra postura, la resistencia aumenta y hace que sea más difícil para nosotros "despertarnos" y ver lo que estamos haciendo.

Estar abierto a lo que se presente significa comprender que la única cosa con la que podemos contar es que todo cambia. *La verdadera fortaleza proviene de cuánta flexibilidad tenemos para adaptarnos a este mundo cambiante.*

Cuanto más consciente estés, con menos frecuencia quedarás enganchado en reacciones negativas.

Descubrir los dones ocultos

Las personas con un potencial de alma gemela bien desarrollado saben que incluso las circunstancias, situaciones o personas más desafiantes tienen algo de valor que ofrecer. Esto no es ser ingenuo o idealista. Es simplemente reconocer que las cosas no siempre salen como queremos. Los horarios cambian, los autos y las computadoras eventualmente necesitan reparaciones, y en algún momento vamos a encontrarnos con largas filas, gente grosera y congestión de tránsito. Estas personas saben que la experiencia que ellos tengan de esos eventos está directamente relacionada con cómo los encaran.

Una de las formas más fáciles de descubrir un don en una situación o encuentro desafiante es preguntarte: *¿Cuál es el mejor uso que le puedo dar a esta experiencia? ¿Qué oportunidades puede traerme esta experiencia?* Estas preguntas pueden ayudarte a ver posibilidades en lugares donde antes no las veías.

Si tienes que tratar con un compañero de trabajo irascible y antagónico, puedes verlo como una oportunidad para aprender técnicas de comunicación más efectivas para manejar tales situaciones. Si terminaste una relación recientemente, puede que reconozcas que es un momento perfecto para perseguir un sueño que tenías relegado, como mudarte a otra ciudad o involucrarte más en una causa determinada. O si te encuentras con un vendedor demasiado enérgico, puedes utilizar esta situación para practicar mantener los pies en la tierra.

Buscar aspectos o resultados positivos en medio de una situación difícil no significa negar la seriedad de las circunstancias o el dolor y la angustia que tú y otros puedan estar experimentando. Por el contrario, enfocarte en lo positivo puede darte (a ti y a todos los

> Recuerda buscar los dones ocultos cuando te percates de que te estás quejando, ya sea acerca de tu trabajo, tus vecinos, tu familia o el clima.

involucrados) aliento, confianza y fuerza. Estas cualidades son muy beneficiosas ante circunstancias desafiantes.

Irene y su hija Karlyn estaban a punto de partir para ir a la semana de orientación en la nueva universidad de Karlyn. Cuatro días antes del viaje, el ex esposo de Irene llamó para decirles que él también iría. Irene estaba furiosa.

"Es algo típico de Paco hacerme esto a último minuto. Yo ansiaba pasar tiempo con Karlyn antes de que saliera sola al mundo para siempre. Hace tres meses, a Paco no le interesaba ir. ¡Ahora quiere que compartamos la habitación del hotel!"

Cuando le preguntaron a Irene si había algo positivo en este cambio de planes, ella se mantuvo firme. "Absolutamente no. Karlyn dice que está bien si él viene, pero *yo* me sentiré terrible. Será un viaje espantoso".

Si Irene hubiese podido notar que su resistencia no la ayudaría en lo absoluto —no podía hacer que Paco cambiara de opinión, y Karlyn podría quedarse con recuerdos negativos de sus primeros días en la universidad— podría haber buscado un bien potencial en este giro de los acontecimientos. Encontrar incluso el más pequeño aspecto positivo para centrar su atención la hubiese ayudado a ver la situación desde una perspectiva más optimista.

Por ejemplo, Irene podría haber reconocido que ésta sería una experiencia positiva para su hija: Karlyn podría valorar tener a ambos padres con ella mientras da un paso tan grande hacia su independencia. También podría notar que el divorcio no necesariamente significa que dos personas nunca más pueden ser amables y tratarse con cariño.

Con este pequeño cambio, Irene también podría darse cuenta de que es hora de encontrar maneras para resolver la ira y la tristeza que persisten por la finalización de su matrimonio. Aunque la unión haya terminado, su relación con Paco ciertamente continuará en el futuro inmediato. Reconocer y liberar sus sentimientos les brindaría a los tres una mejor experiencia.

Buscar una mejor posibilidad

Cuando se enfrentan a circunstancias desafiantes, las personas con un alto potencial de alma gemela luchan por mantenerse abiertos a otras ideas, opciones y enfoques. Han aprendido que hay una posibilidad diferente para cada situación, incluso si al principio no es obvia.

Jeanne, una valiente mujer de setenta y tantos, vive en una casa que comparte la medianera con su vecina. La mujer de la casa de lado tiene un nieto a quien le gusta pasar tiempo en el patio escuchando música rap y fumando. Los sonidos y el humo van directo a las ventanas de Jeanne, quien prefiere mantenerlas abiertas. Jeanne le había pedido al joven numerosas veces que bajara el volumen, pero al poco tiempo volvía a escuchar la música a toda potencia. Incluso ella le compró ceniceros antihumo, pero parecía que él no quería usarlos.

Jeanne se sintió frustrada con la situación por meses, hasta que un día finalmente se cansó de tener las ventanas cerradas y sentirse prisionera en su propia casa. Entonces se sentó y se preguntó, *¿Qué posibilidades hay?*

Jeanne se dio cuenta de que aunque prefiere no oler el humo del cigarrillo, siente que a su edad no necesita preocuparse por el cáncer.

Una posibilidad mejor para ella, decidió, era dejar que el humo y el ruido le recordaran agradecer que sus sentidos aún fueran agudos. Este cambio de perspectiva le brindó un sentimiento inmediato de paz. Un día incluso se paró y comenzó a moverse con esa música que le parecía tan ofensiva, mientras hacía un poco de ejercicio que le sentaba bien.

> Cuando te enfrentes
> a un dilema
> o cuando algo
> no vaya como esperabas,
> pregúntate,
> ¿Qué posibilidades hay?

Puede que esta solución no sea adecuada para todo el mundo, pero le funcionó a Jeanne. Si se hubiese aferrado a su postura, dice ella, hubiera continuado resistiéndose al comportamiento del joven y no hubiese logrado nada excepto aumentar su frustración. ¡Ciertamente no se hubiese levantado a bailar! Lo que Jeanne había aprendido fue esto: *una vez que hayas dado todos los pasos necesarios para aliviar una situación difícil, lo que queda es encontrar una mejor posibilidad.*

Abordar la vida con espíritu de descubrimiento, estar abierto a lo que se presente, buscar los dones ocultos, buscar una mejor posibilidad: todas éstas son opciones que se te presentan a cada momento sobre cómo encarar el mundo y tus relaciones. Al elegir estas opciones más a menudo, aumentarás tu potencial para experimentar conexiones que con el tiempo se tornarán más intensas y íntimas. También será más fácil para ti reconocer a otra persona con potencial de alma gemela.

Parte 2

Mantener viva tu experiencia del alma gemela

Crear continuamente
un ambiente para que florezca
tu experiencia del alma gemela
es tan importante como atraerla.
Un ambiente así alienta una intimidad
que se vuelve más y más profunda
y les permite a ambos descubrir la alegría,
el amor y la satisfacción
en todos los aspectos de la vida juntos.

5

Tener un invitado en tu vida

La manera en que te acerques a tu ser querido tendrá una gran influencia en los tipos de experiencias que tendrán juntos. Aprender a tratar a tu pareja como un invitado de honor en tu vida será muy importante para crear la relación profunda y satisfactoria que imaginas para ti mismo. Además de mantener la unión viva y fresca, tratar a tu pareja como un invitado en tu vida generará un sentimiento de armonía y felicidad en las vivencias de todos los días.

Al inicio de una relación, todo es nuevo y emocionante. Estamos ansiosos por encontrarnos con esta persona y aprender todo lo que podamos sobre ella. Parece que se abren muchísimas posibilidades para nosotros, y sentimos que la vida está completa y llena de pasión. Con sólo mirarnos, la gente se da cuenta de que algo especial está sucediendo: "Déjame adivinar, ¡estás enamorado!"

Si somos como la mayoría de las personas, también nosotros

nos sentimos en las nubes porque nuestra nueva relación nos brinda toda la validación que pensamos que podríamos desear, pero tarde o temprano, la relación va a caer de ese pedestal. No existe nadie allí afuera que pueda darnos suficiente validación o hacernos sentir lo suficientemente especiales. Sin importar lo amorosa, cuidadosa o devota que sea nuestra nueva pareja, él o ella jamás será la solución a los monólogos internos de nuestras carencias.

Debido a que la base de esta relación es inherentemente inestable, intentamos estabilizarla mediante reglas y acuerdos. Estas reglas pueden ser explícitas, informales o no verbalizadas. Pensamos que si establecemos los acuerdos correctos al comienzo, podremos capturar la experiencia que tenemos ahora y preservarla para el futuro.

Además de las reglas o directivas que las parejas puedan establecer, la mayoría de las personas llegan a una relación con distintos conjuntos de suposiciones. Estas suposiciones a menudo no se examinan y no se expresan. Sin embargo, *los acuerdos y las suposiciones no producirán el tipo de relación que deseamos*. En lugar de preservar o prolongar la emoción y la vigor en una relación vibrante, los acuerdos y las suposiciones las llenan rápidamente de expectativas. Estas expectativas pueden ser tan destructivas para una relación que les dedicamos todo un capítulo de este libro (ver el capítulo 8).

No es sorprendente que encaremos nuestras relaciones de esta manera. La gran mayoría de nosotros hemos crecido sin el beneficio de una "educación en relaciones" intencional. Piénsalo. ¿Dónde recibiste entrenamiento para tu relación? ¿De mirar cómo interactuaban tus padres y otras personas? ¿De la televisión, los libros o las películas? Si eres como la mayoría de las personas, la educación sobre relaciones que recibiste fue inadecuada pues no te prepara para tener experiencias extraordinarias. Una relación es uno de los aspectos más importantes de nuestras vidas, y muchos de nosotros luchamos por sobrevivir con el único modelo que tenemos disponible, uno que difícilmente cumple con la meta de crear el tipo de relaciones que sabemos que son posibles.

El modelo convencional de una relación

La mayoría de las relaciones que vemos a nuestro alrededor generalmente se basan en un modelo. Aunque puede que no todas las características mencionadas a continuación se apliquen a tus relaciones, es probable que al menos hayas sido testigo de cada una de éstas en algún momento. El modelo convencional de relaciones produce características como éstas:

- Vemos a nuestra pareja como alguien que nos completa o nos hace sentir enteros.
- Resguardamos a nuestra pareja de nuevas posibilidades porque tenemos miedo de que si sabe lo que se está perdiendo, no querrá estar con nosotros.
- Dejamos de escuchar atentamente a nuestra pareja porque sentimos que ya lo hemos oído todo antes.
- Culpamos a nuestra pareja cuando sentimos que no está satisfaciendo nuestras necesidades.

- Nos sentimos avergonzados o nos enojamos cuando nuestra pareja hace algo que sentimos que da una mala imagen de nosotros.

- Utilizamos la manipulación, la culpa, la ira y la soledad para tratar de asegurarnos que nuestra pareja satisfaga nuestras expectativas constantemente.

- Si nuestra pareja se sale de la rutina que ha sido establecida, lo vemos como una amenaza para la relación.

- Las quejas se vuelven una parte normal de las conversaciones diarias.

- Reaccionamos con celos cuando nuestra pareja muestra interés en otras personas.

- A medida que pasa el tiempo, comenzamos a tratar a nuestra pareja más como un compañero de casa y menos como un amante.

- Después de un tiempo, juzgamos, criticamos y culpamos con más rapidez, y es menos probable que le demos a nuestra pareja el beneficio de la duda.

Todos estos comportamientos llevan a que nuestra pareja lentamente comience a bloquearnos el acceso a ciertas partes de ellos. Sin saber cómo detener este proceso, nos resignamos a la idea de que esto es lo que con el tiempo ocurre en las relaciones.

Puedes ver que el modelo convencional de una relación está basado, mayormente, en el miedo. Temerosos de perder lo que tenemos, intentamos proteger y contener nuestra relación para evitar que cambie. Mientras tanto, sin darnos cuenta le quitamos la vitalidad, y nuestra relación comienza a sentirse más como una carga que como una bendición.

> No se puede simultáneamente controlar a alguien y tener una experiencia de alma gemela con esa persona.

Hace tiempo, cuando las personas tenían que luchar por sobrevivir y se concentraban principalmente en conseguir alimentos y refugios adecuados, este modelo tenía una función importante porque ayudaba a mantener a las familias unidas. Incluso hoy, una relación tradicional, particularmente cuando los roles están bien definidos, puede funcionar así en ciertos niveles. Pero para muchos de nosotros, el modelo convencional es aburrido y frustrante. Tampoco producirá las experiencias iluminadas de alma gemela que deseamos y que sabemos que son posibles.

El modelo de relaciones del alma gemela

Mientras que el modelo convencional de las relaciones está basado principalmente en el miedo, el modelo del alma gemela está basado en algo completamente diferente: la libertad. Aunque a muchas personas esta idea les parece desconcertante, cuando damos libertad a nuestra pareja y a nosotros mismos, nuestra relación continúa sintiéndose viva e irresistible. ¿Cómo es una relación bajo el modelo del alma gemela?

- Nos comprometemos a hacernos responsables de nosotros mismos, inclusive de nuestras creencias, actitudes, problemas y decisiones.

- Vemos en nuestra pareja a alguien que nos hace ser mejores en lugar de alguien que nos completa.

- Sabemos que estar en una relación con el otro es una elección constante.

- Apoyamos el crecimiento y la evolución de nuestra pareja, incluso cuando nos da miedo.

- Utilizamos nuestras experiencias individuales y compartidas como oportunidades para mantener nuestra unión viva.

- Luchamos por ver a nuestra pareja y a nosotros mismos con tanta claridad como sea posible, y por aceptar quiénes somos y en qué lugar nos encontramos en este momento.

- Vigilamos y tratamos de minimizar las expectativas y los juicios.

- Comprendemos que es natural para los dos sentirnos atraídos hacia otras personas.

- Nos sentimos agradecidos por cada día en que este maravilloso ser humano elige ser parte de nuestras vidas.

Imagina cómo sería tener una relación como ésta. En lugar de estancarse o hacernos sentir miserables, nuestra relación sigue siendo una fuente de inspiración, emoción y unión verdadera. Sin las presiones y las dificultades del modelo convencional, nuestra relación puede existir en un estado más armonioso y alegre.

Cambiar de una relación convencional a una de almas gemelas

Hacer el cambio desde una relación convencional a una forma de relacionarse más tolerante involucra cambiar la forma de encarar tus relaciones. Una manera segura de iniciar ese cambio es empezar a tratar a tu pareja como un invitado en tu vida. No estamos hablando del tipo de invitado que es una molestia: que espera que lo entretengas, que se queda más tiempo del apropiado y que deja un desorden cuando se va. Ese tipo de invitado requiere mucho tiempo y energía. Estamos hablando de la clase de invitado con el que te encanta estar, alguien que mejora tu vida en lugar de arruinarla.

Cuando tienes un invitado como éste, te sientes honrado de que se presente en tu vida y se quede a pasar un tiempo. Le ofreces un lugar seguro y amoroso desde el que puede descubrir cosas nuevas sobre sí mismo y sobre el mundo. Le das la libertad de ir y venir cuando quiera. Sabes que el tiempo que tienes con él es limitado, así que lo aprovechas al máximo. En lugar de desperdiciarlo con quejas o negatividad, buscas cada oportunidad para experimentar y compartir todas las alegrías de la vida junto a él.

Tratar a tu pareja como un invitado en tu vida significa todo lo que dijimos. Significa recordar que está contigo porque así lo desea. Significa saber que es capaz de seguir su propio camino y tomar sus

> El modelo del alma gemela alienta y mantiene la vitalidad que está presente al inicio de una relación.

propias decisiones. Significa tener gratitud por el tiempo que puedes compartir con él o ella.

Romper con la órbita

¿Alguna vez notaste que las personas que tienen relaciones convencionales a menudo comienzan a orbitar alrededor del otro? Puedes notar esto en parejas que necesitan consultarse el uno al otro antes de tomar incluso las decisiones más intrascendentes, o en personas que se sienten incómodas o inseguras de hacer cualquier cosa sin su pareja a su lado.

Tatiana aprendió los efectos perjudiciales de estar en órbita el verano en que tenía veinte años. "Dejé atrás una relación que se había estancado y pasé dos meses y medio viajando sola. Fue difícil volver a la universidad ese otoño después de una aventura que duró todo el verano, pero el día que volví conocí a un hombre atractivo e inteligente y comenzamos a salir. Unas tres semanas después, cuando estaba caminando para ir a una clase, me di cuenta de que tenía pensamientos como '¿Qué estará haciendo él ahora? ¿Qué pasará con las chicas en sus clases? ¿Se sentirá atraído hacia ellas?' Me quedé atónita: después de diez semanas de independencia y libertad, ¡me sentía ansiosa e insegura!"

Tatiana había descubierto una verdad simple pero profunda acerca de las relaciones: *en el momento en que nos sumergimos en pensamientos temerosos sobre lo que nuestra pareja piensa, o nos ponemos a especular acerca de sus*

No mejoramos nuestras relaciones obsesionándonos con nuestra pareja.

motivos o intenciones, nos desconectamos de nosotros mismos e inmediatamente aparecen la incertidumbre y la inseguridad. Nos sentimos mucho más conectados a la tierra y seguros cuando nos concentramos internamente, en nuestra *propia* experiencia, que cuando nos enfocamos externamente, quedándonos atrapados en las ideas que tenemos sobre la experiencia *de otra persona*.

Cuando tenemos un invitado, le damos la libertad de elegir libremente y de ir y venir como desee. En las etapas iniciales de una relación, hacemos lo mismo con nuestra pareja. Iniciamos una relación como seres humanos independientes y soberanos, pero luego —muy pronto, para algunas personas— algo comienza a cambiar. Una vez que empezamos a desarrollar una nueva identidad de nosotros mismos como mitad de una pareja, podemos sentirnos amenazados por la independencia de la otra persona y tratamos de tomar las riendas. A medida que intercambiamos más nuestra identidad individual por esta identidad como mitad de una pareja, podemos sentirnos incompletos e inseguros cuando nuestro compañero/a está ejerciendo su independencia sin nosotros.

La libertad de nuestra pareja no es algo que le concedemos, sino algo que honramos.

Normalmente, utilizamos métodos sutiles de control al principio: "Sé que desde hace muchos años haces viajes tú solo para ir a esquiar, pero si decides ir el próximo fin de semana probablemente estaré deprimida todo el tiempo". Más tarde, nos volvemos más directos: "Ir a esquiar tú solo se llama estar soltero, ¡y ya no lo estás!"

Michael Naumer nos recomendaría "romper con la órbita y

mantenernos relacionados". Cuanta más libertad tenga nuestra pareja para seguir descubriéndose, más disfrutará (y valorará) estar con nosotros. Si te aferras muy fuertemente a alguien, tienes un prisionero. Si le ofreces a alguien un espacio de amor para desarrollarse y crecer, tienes un amante. Aunque esto pueda causar temores, en realidad indica que tu relación está completamente viva.

Tu pareja no te debe nada

El modelo convencional de relaciones tiene ciertos requerimientos, especialmente una vez que decidimos tener una relación de exclusividad. Hay un acuerdo implícito de que debido a que ahora están en una relación, tu pareja te "debe" cosas, tales como respeto, amor o comprensión. No sólo eso, sino que además se supone que debe saber exactamente cómo y cuándo tú quieres o necesitas estas cosas. Por supuesto, el respeto, el amor y la comprensión son algunas de las razones principales por las que tenemos una relación. Pero para ser auténticas y verdaderamente satisfactorias, estas cosas se deben dar libremente, no se debe insistir con respecto a ellas o convertirlas en obligatorias.

Pensamos que es *responsabilidad* de nuestra pareja satisfacer nuestras necesidades. A menudo esperamos que esta persona en particular satisfaga una diversidad de necesidades: físicas, psicológicas, financieras, sociales, sexuales, espirituales. Pero la satisfacción de las necesidades no es una base sana para una relación. Además, como señaló Michael Naumer: "Si tu pareja satisface todos tus deseos y te deja, ¿qué pierdes? ¡Todo lo que necesitas!"

Puede que para algunas personas esto sea difícil de digerir, pero no es tarea de nuestra pareja satisfacer nuestras necesidades. De hecho, *la manera más saludable de estar en una relación es asumir la responsabilidad de tus propias necesidades.*

Cuando creemos que es la obligación de nuestra pareja asistir a las reuniones de nuestra familia o a los picnics de la empresa por el simple hecho de estar en una relación con nosotros, podemos encontrarnos con una cita reacia en lugar de una entusiasta. Como dijo Sebastián acerca de su matrimonio anterior: "Cuanta más culpa depositaba ella en mí para que hiciera cosas con ella, más me resistía, y menos disfrutaba si es que al final asistía". Es mucho más probable que nuestra pareja quiera acompañarnos cuando sienta que su presencia no es meramente para satisfacer una expectativa. Para crear un ambiente que aliente la participación voluntaria de tu pareja, puede que quieras practicar usando una invitación en lugar de una expectativa (ver el capítulo 8).

> **Cuanto más creemos que necesitamos de nuestra relación, menos alegría puede brindarnos.**

Las personas que tratan a su pareja como un invitado en su vida respetan el libre albedrío de la otra persona. Intentan darle siempre a su pareja la libertad para elegir. Se esfuerzan por no utilizar nunca la culpa o la coerción para influenciar en las decisiones del otro. Su pareja es libre de unírseles en una aventura particular porque *elige* hacerlo, no porque siente que *debería* hacerlo.

Cuando comiences a culpar o tener resentimiento hacia tu pareja, puedes recordarte esto: "Mi pareja no me debe nada". Sentirás que tu resentimiento comienza a soltarse. Esto creará espacio para que te acerques a tu pareja de una manera más receptiva. ¡No te sorprendas si de repente él o ella te parecen diferentes!

*Las acciones de tu pareja
no significan nada respecto de tu valor*

Cuando comenzamos a salir con alguien, es natural que lo tratemos como si fuese un invitado. Estamos abiertos a la persona que es y a cómo se expresa. Luego, después de haber estado juntos por un tiempo, es posible que lentamente comencemos a disuadirlos de tener ciertos comportamientos o participar en determinadas actividades. Como resultado, la persona que se sentía cómoda interactuando con otra gente se vuelve muy cauta con respecto hacia donde mira y por quién muestra interés. Antes de que te des cuenta, no será muy placentero salir juntos por la noche.

Este deterioro es, parcialmente, un resultado de la creencia de que lo que hace o no nuestra pareja significa algo acerca de nuestro propio valor. Por ejemplo, podrías creer que si tu pareja charla con alguien más mientras está contigo cenando en un restaurante, o elige pasar una noche con sus amigos en lugar de contigo, esto significa que le importan más otras personas que tú.

O supongamos que tu pareja se olvida de tu cumpleaños. Es posible que interpretes este olvido como una señal de que no le importas, aunque la realidad podría ser completamente diferente. Puede que tu pareja esté distraída con el trabajo, o que esté cansada porque no ha dormido suficiente, o que simplemente no pueda recordar las fechas. Cualquiera que sea la razón, el hecho de que se haya olvidado no significa nada acerca de tu valor, ya sea como pareja o como persona.

También es posible que creamos que las acciones de nuestra pareja (al menos aquellas que reprobamos) dan una mala imagen de nosotros. Julia a menudo se siente avergonzada en público por su esposo: "Él cuenta chistes tontos y luego se ríe de ellos cuando nadie se está riendo. No lo soporto". La creencia subyacente de Julia es que si ella está casada con alguien que cuenta chistes tontos, significa que *ella* también es tonta.

> Una razón por la que las personas evitan las relaciones a largo plazo es que saben que se espera que abandonen ciertos aspectos de sí mismos.

Elena y Juaquín han vivido juntos por dos años. En los últimos meses, Elena se ha sentido frustrada porque Juaquín no parece estar tan interesado en el sexo como ella. "Siempre me dice lo hermosa y sexy que soy, pero pocas veces se acerca a mí. Casi siempre soy yo quien tiene que iniciar", dice Elena. "Una vez que comenzamos, todo va bien, pero quiero que *él* ponga las cosas en marcha. Incluso llevé la cuenta del tiempo que tardaría si yo esperaba a que él avanzara. ¿Sabes cuánto tiempo pasaría? ¡Tres semanas!" Elena se siente tan enojada y dolida que ni siquiera puede hablar con Juaquín sobre este tema.

Cuando Elena cree que la aparente falta de libido de Juaquín significa algo acerca de su valor, se cierra a él. Si ella lograra mantenerse abierta hacia Juaquín y recordara que sin importar lo que le pase a él, sus acciones (o falta de ellas) no reflejan el valor de ella como persona, la situación sería menos difícil para ella. Además estaría en una mejor posición para pensar en nuevos enfoques para energizar su unión sexual.

Presta atención a lo que estás expresando

Cuando tenemos visitas, puede que estemos más conscientes de nuestras actitudes y comportamientos que cuando estamos con las personas que vemos todos los días. Es menos probable que seamos odiosos o temperamentales, o que actuemos con mucho dramatismo. Es más fácil caer en el hábito de ser indiferente o incluso negativo con las personas con quienes interactuamos todos los días.

Te has dado cuenta que muchas personas parecen vivir en un estado de queja leve? Es posible que saluden a su pareja en la puerta con comentarios como: "¡No puedo creer lo terrible que estaba el tránsito a la vuelta! Y en la oficina hacía mucho frío hoy. Estoy exhausta y tengo frío, y ahora tengo que preparar la cena, pero no tengo ganas de hacer nada de lo que hay aquí". O puede que hagan pequeñas quejas constantemente con la esperanza de que los demás estén de acuerdo con ellos para justificar la forma en que se sienten. Las personas a menudo tienen conversaciones enteras que se centran únicamente en un familiar intercambio de quejas.

Es importante que nos demos cuenta de en qué medida nuestras actitudes pueden afectar y afectan a las personas a nuestro alrededor. Aunque podemos pensar que tales reclamos casuales son inofensivos, emitir esa energía negativa a menudo hará que los demás se unan a ti en tu negatividad

Tómate una semana de vacaciones de las quejas y nota la diferencia que esto marca en tu vida.

o que se alejen de ti por completo. Al ser más conscientes de cómo elegimos expresarnos, aumentaremos nuestra capacidad para vivir una experiencia de unión con cualquier persona con la que estemos.

Mantente abierto a quién es tu pareja en este momento

Hay un relato de un científico brillante que contrajo un tumor cerebral que destruyó su capacidad para generar recuerdos a corto plazo. Después de enfermarse, su esposa se cansó de responder las mismas preguntas una y otra vez, hasta que finalmente contrató a una enfermera para que lo cuidara. La acompañante se sentía cautivada por el interés del hombre en la vida y por sus historias del mundo. Cada vez que lo visitaba, el hombre estaba encantado con ella y se enamoraba, como si fuese la primera vez. A la mujer no le importaba que él hubiese perdido la memoria. De hecho, era algo que valoraba. ¿Donde más podría conocer a un hombre brillante que se enamorara de ella todos los días?

Una razón por la que las relaciones son tan emocionantes al principio es que hay mucho que desconocemos. Pero después de pasar un período largo de tiempo juntos, creemos saber quién es nuestra pareja: lo que le gusta y lo que no, sus motivaciones, sus deseos, incluso lo que experimentan en una situación dada. Todo lo que era desconocido ahora lo creemos conocido, y con eso la emoción se esfuma.

> **En muchas relaciones, cuanto más tiempo conoces a alguien, menos capacidad tienes para verlo realmente.**

Lo que en realidad ha sucedido es que nos hemos formado un conjunto de ideas fijas acerca de nuestra pareja y ahora nos relacionamos con ella a través de esas ideas. Tu compañero o compañera evoluciona constantemente, al igual que tú. Pero tus imágenes del pasado pueden distorsionar gravemente a la persona a la que ves en el presente. Muchas parejas pasan años vinculándose casi exclusivamente de esta manera y ya no pueden verse realmente el uno al otro.

El profundo sentimiento de familiaridad que comparten dos personas que se aman es uno de los aspectos más maravillosos de una relación cercana a largo plazo. Sin embargo, nos metemos en problemas cuando comenzamos a pensar que lo sabemos todo acerca de nuestra pareja.

> No es responsabilidad de nuestra pareja mostrarse diferente. Es nuestra responsabilidad verlos de manera diferente.

Vigila las ideas o suposiciones que te formas acerca de quién es tu pareja o de lo que debería hacer o no hacer. Podrías hacer una lista de todas las ideas y suposiciones que tienes acerca de él o ella, todo lo que venga a tu mente. ¡Puede que te sorprenda lo largo de la lista! Ahora considera cómo este conjunto de suposiciones te ata a una idea particular acerca de quién es tu pareja.

Cuando eres receptivo hacia la persona que es tu pareja en este momento, como lo harías con un invitado, se abre la posibilidad para que veas algo nuevo en ellos en lugar de seguir viendo a "la misma persona de siempre". Como dice Damián, un diseñador gráfico, acerca de su novia: "Es importante para mí tratar de ver a Sara como una persona nueva. Es algo que hago por *mí*, no por ella. ¡Quiero estar en una relación en la que me sienta emocionado por la persona con la que estoy!"

Cuando nos irritamos con algo que hace nuestra pareja, podemos alejarnos de la culpa que sentimos haciéndonos responsables de nuestra propia experiencia. Por ejemplo, Iris expresaba su frustración porque la vida amorosa con su marido se había estancado. ¿Por qué siempre me besa de la misma manera?, se preguntaba ella.

En lugar de culpar a su pareja, Iris podría elegir responsabilizarse por su reacción. Abandonar las críticas y la culpa creará el espacio para que ella experimente el beso de él de otra manera, que mueva el beso en otra dirección, o incluso que ella tome la iniciativa y sugiera que ambos deberían divertirse experimentando con diferentes maneras de besar.

Cuando escuchas que tu ser amado cuenta una historia que has oído anteriormente, puedes simplemente relajarte y hundirte en ese sentimiento dulce y confortable de lo familiar. Pero si por el contrario te molestas, tómate un momento para cambiar tu enfoque. Recuerda que ninguno de los dos son exactamente las mismas personas que eran hace una semana, mucho menos hace un año, o diez. Si escuchas sin ideas preconcebidas, es probable que oigas algo nuevo e incluso podrías obtener una nueva perspectiva.

"A Luciano siempre le gusta contar la historia de cómo nos conocimos", dice Rosa. "Cada vez que la escucho, intento hacer como si fuese la primera vez y no lo conociera. La experiencia es un poco diferente cada vez".

Aún cuando nos hemos acostumbrado a dar por sentado que tenemos a alguien a nuestro lado, lo cual es fácil de hacer si no prestamos atención, en realidad podemos aprender a empezar a verlo de maneras diferentes. Pregúntale a Ángela, cuyo matrimonio de más de veinte años parecía desmoronarse frente a ella, hasta que ella y su esposo decidieron encarar su relación de una nueva forma. "Disfrutar de quién es cada uno de nosotros *en este momento* salvó nuestro matrimonio", dice.

Fíate de algo digno de confianza

Cuando se le pide a las personas que nombren los factores más importantes para crear una relación exitosa, la confianza generalmente aparece cerca del principio de la lista. Sin embargo, lo que muchos consideramos confianza, en realidad no lo es en absoluto.

Piensa lo siguiente. Podemos afirmar que confiamos en nuestra pareja, pero luego cuando hace algo que no queremos que haga, decimos que ha "traicionado nuestra confianza" y se la quitamos. Este tipo de confianza en realidad no es otra cosa que un control disfrazado. Al tener este tipo de "confianza" hacia nuestra pareja —confío en que hagas esto, confío en que no hagas esto— nuestra relación se vuelve frágil. Si nuestra pareja pisa las líneas que hemos establecido, incluso una sola vez, nuestra relación podría colapsar. *La verdadera confianza no tiene requerimientos.* No intenta monitorear, manipular o juzgar las acciones o el comportamiento de alguien más.

Entonces, ¿qué cosas *podemos* confiar en que hará nuestra pareja? En primer lugar, podemos confiar en que se comportará de una manera que es congruente con sus propias creencias y deseos. Podemos confiar en que tomarán decisiones y elegirán basándose en lo que desean. Podemos confiar en que cualquier cosa que hagan, será lo mejor que pueden hacer en ese momento.

> Sólo podemos confiar en que las personas harán lo que quieran hacer, no lo que nosotros queramos que hagan.

Este tipo de confianza puede causar temor al principio, porque sentimos que no tenemos el control. Pero en lugar de hacer que la relación sea frágil, una confianza como ésta la hace *flexible*, y la flexibilidad es fortaleza. Así como los edificios y los puentes necesitan flexibilidad para resistir a períodos de estrés extremo, las relaciones necesitan flexibilidad para soportar lo inesperado.

Yvonne, que tiene este tipo de confianza en su marido, dice: "Incluso cuando a veces desearía que Joshua hubiese hecho algo de otra manera, siempre creo que tomó la mejor decisión que pudo en ese momento —por mí, por él y por nosotros— sin importar lo que sea. Esto hace que nuestra relación sea mucho más liviana y sencilla".

Yvonne reconoce que Joshua responde bien a su "confianza sin requerimientos". Como él dice, "Valoro que Yvonne tenga tanta fe en mí. Me da cierta confianza saber que ella cree que cualquier cosa que yo haga será lo mejor".

Además de confiar en que todos actuarán en línea con sus propias creencias y deseos, esto es otra cosa en la que puedes depositar tu confianza: *tu propia intuición*.

La intuición, que es saber algo sin poder decir exactamente por qué lo sabes, es real. Nuestras mentes, que son más poderosas de lo que podemos imaginar, absorben y procesan millones de trozos de información y luego se comunican con nosotros a través de lo que llamamos un presentimiento, una corazonada o nuestra voz interna. Pero a menudo ignoramos o negamos lo que ese sentimiento o voz está tratando de decirnos.

Tu sabiduría interior merece tu confianza. Si tienes el sentimiento intuitivo de que alguien o algo no es seguro o no es bueno para ti, aprende a escuchar e investigar ese sentimiento.

Diana, una artista exitosa de unos cuarenta años, ha tenido varias relaciones con hombres que le mintieron y le ocultaron cosas "para manipularme y controlarme, generalmente para que yo no terminara con ellos". Le tomó años darse cuenta, dice, "que siempre debo escuchar a mi intuición y no mantener por mucho tiempo una relación cuando *sé* intuitivamente que algo anda mal".

> Cuanto más aprendemos a confiar en nuestra intuición, mejores serán nuestras decisiones y más seguros nos sentiremos.

Establece el tipo de límites que funcionan

A menudo se les recomienda a las personas que establezcan límites en sus relaciones, especialmente si las han lastimado antes. No obstante, al igual que con la confianza, cuando intentamos establecer límites para alguien más, podemos estar preparándonos para una desilusión, porque jamás tendremos control sobre lo que hace esa otra persona.

Entonces, ¿qué tipo de límites *son* efectivos? Aquellos que establecemos para *nosotros mismos*. Límites como "Trato a mi cuerpo con amor" y "Me cuido a mí mismo" pueden significar que nos aseguremos de hacer suficiente ejercicio o de tomarnos un tiempo para nosotros. También puede significar que no nos permitiremos salir con alguien que no nos trata bien. Para algunas personas, establecer este tipo de límites puede ser la inspiración que necesitan para comenzar a dar los pasos necesarios para liberarse de una situación abusiva.

Ana tiene estos tipos de límites para ella misma. "En cada relación que tengo, soy responsable de cuidarme a mí misma", dice. "Esto significa que siempre actúo de una manera que respeta quién soy y lo que es mejor para mí".

Intensifica tu agradecimiento

La gratitud es el sentimiento de agradecimiento que surge al reconocer que has recibido algo que tiene valor, como la sensación de belleza que tendrás al observar una puesta de sol. Naturalmente nos sentimos agradecidos cuando nos sucede algo especial o cuando reconocemos las cosas maravillosas que hay en nuestra vida.

Hacer un esfuerzo consciente para sentir gratitud genuina más a menudo tendrá un efecto profundo en tu vida. Con solo ser más consciente de todo lo bueno que hay en tu vida aumentará la *sensación* de las cosas buenas que te rodean. La gratitud te ayuda a disfrutar de lo que tienes en lugar de siempre buscar algo más.

Los estudios confirman que cuanta más gratitud sintamos hacia nuestra pareja y cuanto más frecuentemente la expresemos, mejor nos sentiremos ambos con respecto a la relación. Para atraer el poder de la gratitud hacia tu relación, simplemente trata de notar un poco más quién es tu pareja y todo lo hace por ti. Sintonízate con tu gratitud por el simple placer de tener su compañía cuando están juntos. Cuando lleves puesta una camisa que tu pareja haya lavado o utilices un electrodoméstico que haya reparado, concéntrate por un momento en tu gratitud por ese pequeño acto. De vez en cuando, dedica algunos minutos a contemplar todo lo que ha contribuido a tu vida. Además hazte el hábito de expresar tu gratitud con mayor frecuencia. *Expresar tu gratitud hace que seas más consciente de las cosas maravillosas que hay en tu vida.*

> Concentrarte en lo que tienes, en lugar de aquello de lo que careces, instantáneamente hace que tu vida se sienta más completa.

Esta es una manera aún más poderosa de crear una experiencia de relación verdaderamente feliz: cultiva el agradecimiento por todos los aspectos de tu relación, *incluyendo los desafíos que te presenta tu pareja y que debes resolver.* A menudo, es a través de esos desafíos que crecemos más.

Sara Sofía, contadora experta en impuestos, conoció a Simón el día que cumplió treinta años. "Cinco meses después de habernos enamorado, él confesó que tenía una deuda de cuarenta mil dólares", cuenta ella.

Al principio, Sara Sofía pensó en terminar la relación. "En el pasado, hubiese hecho exactamente eso. Tenía la creencia de que cualquier persona con la que yo saliera tenía que ser financieramente responsable". Pero a Sara Sofía realmente le encantaba estar con Simón. Ellos se conectaban a todos los niveles que eran importantes para ella, y podían hablar de cualquier cosa.

"Decidí ver qué podía conseguir al estar en una relación con alguien que no tenía las cosas claras en términos financieros", dice ella. "Aprendí que había muchas cosas buenas. Por ejemplo, pasamos mucho tiempo simplemente estando juntos, en lugar de buscar siempre algo para 'hacer'. Hacíamos el amor más seguido que en otras relaciones que tuve. Y al ayudar a Simón a encontrar una solución a sus problemas financieros, realmente me siento más fuerte y más segura que nunca financieramente.

Tomar la elección consciente de valorar lo que al principio parece ser una situación difícil, negativa o "mala" es una habilidad que puedes desarrollar con la práctica, ¡y la vida te dará muchísimas oportunidades para practicar! Desarrollar esta habilidad te permitirá experimentar más felicidad todos y cada uno de los días de tu vida.

Cuando tú y tu pareja piensan en el otro como invitados en sus vidas,
se dan a ustedes —y a su relación— el espacio esencial
para respirar y crecer. Tener ese espacio hace que sea más fácil
para ti no sólo soportar los cambios y desafíos inevitables
que puedan surgir, sino también recibirlos como oportunidades
para expandirse ustedes mismos y su relación.

6

Crear un contexto

Un contexto es una declaración de lo que planeas ofrecerle
a tu relación. Al orientarte hacia mejores posibilidades,
tu contexto será tu guía no sólo cuando tu relación sea saludable
y fuerte, sino también cuando enfrentes los desafíos más grandes.
Un contexto brindará nutrición y aliento a tu relación mientras
se adapta a las cambiantes circunstancias
y se expande en nuevas direcciones.

Camila y Nicolás tenían planes para pasar un fin de semana romántico en algún lugar. La noche del jueves, Camila, pensando que habían decidido partir el viernes después del trabajo, mencionó que había programado una reunión de negocios para la tarde del día siguiente. A Nicolás le molestaron estas noticias, ya que pensó que habían acordado salir a primera hora de la mañana. No le gustaba la idea de tener que soportar el tránsito intenso de la tarde. Para empeorar las cosas, sintió que ahora tendría que desperdiciar el día ya que debido a sus planes, de manera deliberada no había planificado ver a ningún cliente.

La pareja discutió esa noche, y Nicolás pasó todo el viernes —así como la mayor parte del viaje de cuatro horas hasta las montañas— sintiéndose molesto y resentido.

Imagina de qué manera la experiencia de esta pareja hubiese sido diferente si Nicolás hubiera encarado la situación con esta idea en mente: "Mi objetivo en esta relación es aprovechar al máximo cada experiencia que tenemos".

Tener este contexto, o esta intención consciente, para su relación podría haber conducido a una conversación esclarecedora (en lugar de una pelea) acerca de lo que cada uno recordaba de sus planes. A través de esa conversación, la pareja podría haber arribado a comprender el valioso concepto de que nunca hay una versión "correcta" de lo que sucede y que la perspectiva de cada persona sobre un evento es la que cada uno toma como verdadera.

Con el contexto "Mi objetivo en esta relación es aprovechar al máximo cada experiencia que tengamos", Nicolás podría haberse sentido desilusionado al principio por pensar que perdería la oportunidad de ganar un poco de dinero ese día, pero probablemente su actitud hubiese cambiado rápidamente. Él podría haber aprovechado ese tiempo libre inesperado para hacer trabajo de promoción para su negocio. O podría haber comenzado sus vacaciones más temprano brindándose algo para lo que normalmente no se tomaría el tiempo necesario, como andar en bicicleta por la montaña o visitar la nueva tienda de música del pueblo.

¿Y con respecto al viaje de cuatro horas? Nicolás hubiese estado más relajado y podría haber disfrutado verdaderamente el tiempo que pasaba con Camila, que era el objetivo del viaje.

De cualquier forma, ¿por qué estamos en esta relación?

Muchas veces iniciamos una relación sin saber realmente por qué. Sí, conocimos a alguien que nos atrae, nos encanta pasar tiempo juntos, y nos sentimos muy bien con nosotros mismos. ¿Pero luego qué?

Cuando se les pregunta, muchas personas dicen que quieren una relación para tener intimidad o compañía. A otros les interesa ser parte de una familia. Pero a menudo, tener una relación está enlazado con la necesidad de satisfacción. Comúnmente se cree que nuestra pareja, por estar en una relación con nosotros, está obligada a satisfacer muchas de nuestras necesidades pendientes.

Es fácil darse cuenta de esto revisando los anuncios en cualquier sitio web de citas. Podrás saber rápidamente lo que las personas buscan generalmente en una relación. Mira este anuncio real:

Hola querido amor.

Me encanta saber que puedo contar contigo. Dices lo que sientes, y sientes lo que dices.

Confío en ti y valoro tu generosidad.

Me encanta recibir tus masajes.

Me encanta tu energía poderosa, amable y respetuosa.

¿Te sientes identificado? Entonces por favor responde con tu foto.

Aparentemente, esta mujer tiene mucho para ofrecer. Parece positiva y alegre (usa la palabra "encantar" tres veces), imaginativa (su anuncio se destaca entre los demás) y cómoda con su cuerpo (después de todo, menciona los masajes). Pero si miramos más detenidamente, descubrimos que su interés principal está en lo que una posible pareja puede hacer por ella. Podríamos incluso reescribir el anuncio con sus requerimientos implícitos para una relación:

Hola querido individuo que satisface necesidades.
Me siento segura cuando sé que puedo contar con que hagas lo que espero que hagas.
Confío en que obedecerás las reglas y me darás lo que yo quiero.
Me hace feliz que estés aquí para satisfacer mis necesidades físicas.
Me siento segura de saber que me cuidarás y no me desilusionarás.
¿Te sientes identificado? Entonces envía una foto para que pueda juzgar tu apariencia física.

Es posible que este anuncio capte la atención de alguien que esté buscando una mujer exactamente con este conjunto de expectativas. Sin embargo, es más probable que las personas que respondan se queden con ella sólo hasta que sientan que la presión de las expectativas comienza a acumularse.

Ahora supongamos que el aviso ha sido escrito por alguien que busca una relación basada en ideas tales como la libertad, el crecimiento y la gratitud en lugar de buscar satisfacer una necesidad. Puede resultar algo como esto:

Hola querido amor.
Me encanta saber que siempre podemos contar el uno con el otro

para ser exactamente quienes somos.

Confío en que hagamos el mejor uso posible de cada una de las experiencias que tenemos.

Me encanta que exploremos nuestra intimidad física.

Respeto y valoro que seas un individuo con múltiples dimensiones.

Si te sientes identificado, me encantaría saber de ti.

Si realmente quieres crear una experiencia de alma gemela, es esencial que examines las razones por las que estás actualmente en una relación o estás buscando una. Puede ser muy revelador escribir exactamente lo que esperas conseguir a partir de una relación. Una vez que hayas hecho tu lista, revísala para ver si hay indicios de cosas que crees que necesitas de una pareja, o cualquier cosa que signifique "No sería feliz si él o ella no tuviera o no me diera tal cosa".

> La definición de alma gemela no es "alguien que satisface todas tus necesidades".

Cada requerimiento que tengas reduce las posibilidades de conectarte. De hecho, *cuantos más requerimientos tengas para una relación, más difícil será crear y mantener una experiencia de almas gemelas*. Por eso, en lugar de concentrarte en lo que *quieres* obtener de una relación, es hora de girar tu atención hacia lo que puedes *ofrecer*.

¿Qué es el contexto de una relación?

Creer que una relación es una propuesta de igualdad entre dos mitades con seguridad puede conducir a una gran frustración. Cada uno de nosotros aporta diferentes fortalezas, pasiones y habilidades a una relación. Todos tenemos áreas en las que podemos contribuir naturalmente y con más facilidad que nuestra pareja. En algunas áreas, podemos contribuir un 80 por ciento y nuestro compañero un 20 por ciento; en otras, los roles podrían invertirse. Muchas parejas se frustran por tratar de dividir en partes iguales todas las responsabilidades compartidas, como las tareas del hogar, los asuntos financieros y el progreso hacia las metas en común.

Una manera más efectiva de encarar una relación es a través de la idea de contexto. *El contexto es una declaración personal de lo que planificas aportar a la relación.*

¿Por qué querrías hacer una declaración como esa? Porque si no tienes un contexto consciente para tu relación, terminarás con un contexto inconsciente.

Un contexto inconsciente típico podría ser: "Estoy desempeñando mi rol de esposo, padre y proveedor porque eso es lo que se espera de mí". Aunque la familia de este hombre pueda sentirse cómoda con lo que él les provee, un contexto como éste puede eventualmente tener como resultado una relación que se caracteriza por la ansiedad, la resignación o incluso la depresión. De manera similar, un contexto como "Estoy aquí porque tomé el compromiso de estar aquí" puede a su vez generar una relación caracterizada por el aburrimiento, el trabajo pesado o el resentimiento.

> **El verdadero referente en una relación no son las promesas que hiciste al principio. Son las intenciones con las que operas cada día.**

CREAR UN CONTEXTO

Otro contexto inconsciente común es alguna versión de "Estoy aquí para que me cuiden" o "¿Qué puedo ganar con esto?" Un contexto como éste tiene el potencial de convertir cada encuentro entre dos personas en una lucha. Estas relaciones pueden implicar discusiones y renuncias mientras las partes maniobran para conseguir lo que puedan. A medida que pasa el tiempo, a menudo se llenan de frustración, desilusiones, ira o arrepentimiento.

Puedes ver que los contextos inconscientes a menudo conducen a sentimientos de alienación. Los contextos de relaciones conscientes, por otra parte, pueden conducir a una unión más profunda. Mira estos tres contextos reales:

- "Yo nutro nuestra relación para asegurarme de preservar esto tan especial que tenemos".
- "Yo aporto inspiración y motivación a nuestra relación para mantenerla emocionante y viva".
- "Creo que todos los aspectos de nuestra relación nos servirán de alguna manera".

Elizabeth, terapeuta, tiene este tipo de contexto en su matrimonio. Cuando surge algo que al principio es difícil, su contexto le ofrece orientación. "Puede que no sepa la utilidad de algo hasta mucho tiempo después", dice ella, "pero con sólo saber que *sí nos va a servir* es una gran ayuda. Las cosas parecen fluir mucho más fácil de esa manera".

Darío, que ha estado casado por doce años, dice: "Siempre me pregunté por qué las personas se tratan de la forma en que lo hacen en sus matrimonios. Cuando están saliendo, quieren que la otra persona los desee. Más tarde, cuando sienten confianza en que la otra persona no los dejará, dejan de intentar hacerse deseables". Con esto en mente, Darío adoptó un contexto cuando se casó con Jennifer. Él dice, "Decidí que siempre me comportaría como si quisiera que ella me desee. Esta mentalidad me ayudó a esforzarme en la relación: a valorar a Jennifer, a tratarla con respeto y a estar siempre abierto a quién ella es".

Iván y Jazmín han estado casados por varios años. En algún momento, Iván comenzó a darse cuenta que se había vuelto una persona dependiente. Pasó mucho tiempo culpando levemente a Jazmín, y a menudo se sentía un poco resentido por no obtener todo lo que pensaba que debería conseguir. Decidió que una contribución importante que podía hacer a esta relación sería tomar la responsabilidad de sí mismo. Definió su nuevo contexto como: "Soy totalmente responsable de satisfacer mis propias necesidades".

Para su sorpresa, Iván descubrió que su nuevo enfoque de su relación inmediatamente lo hizo sentirse más capaz y fortalecido. "Fue genial no estar constantemente tratando de manipular a Jazmín para que haga cosas por mí, y luego culparla en mi mente cuando no captaba la pista", dice.

¿Y Jazmín? "Sin siquiera saber qué estaba haciendo Iván, instantáneamente me sentí más aliviada", comenta ella. "Como si hubiesen levantado un peso invisible de mis hombros".

Tener un contexto crea un ambiente para que la relación prospere.

CREAR UN CONTEXTO

¿Recuerdas a Elena del capítulo 5, cuyo novio no tiene tanta energía sexual como a ella le gustaría? Josué siempre participa activamente, y frecuentemente le dice a Elena lo hermosa y sexy que ella es para él. Pero raramente inicia el contacto sexual.

Si Elena pudiera aceptar que Josué simplemente tiene una mentalidad diferente a la de ella, podría entonces decidir asumir el rol de mantener su unión sexualmente animada. Después de todo, ¡ella tiene esa capacidad en abundancia! Por supuesto, esto requeriría que ella abandone la idea de que si Josué no se le insinúa, significa que no la encuentra deseable. En síntesis, Elena tendría que abandonar su creencia de que la falta de deseo sexual de Josué tiene algo que ver con su propio valor.

Supongamos que Elena adoptara este contexto: "Aporto a esta relación mi deseo de hacer que el sexo siga siendo divertido y emocionante". Una intención como ésta podría inspirarla para inventar juegos sexis, hacer planes para un fin de semana romántico o inscribir a ambos en un taller de tantra para parejas. Cualquiera de estas posibilidades sería más divertida e inspiradora que la otra alternativa: volverse cada vez más distante y sentir más resentimiento hacia Josué con el paso del tiempo.

Aunque aplicar este contexto requeriría un esfuerzo y atención continuos de parte de Elena, si ella está feliz con la relación en general, podría descubrir que vale la pena contribuir más que Josué en esta área. Un contexto como "Yo aporto a esta relación mi deseo de hacer que el sexo siga siendo divertido y emocionante" puede parecer inusual, pero si ésta es el área en la que una persona siente una carencia, hacer esta contribución puede potencialmente transformar una buena relación en una extraordinaria.

Un contexto te orienta hacia una mejor posibilidad

Michael Naumer definió el contexto como "una declaración de una posibilidad mejor para tu relación". Él dijo: "Un contexto es una estrella que puedes usar como guía para tu relación. Sin esa estrella guía, la brújula de tu relación gira y gira sin cesar".

Establecer un contexto puede ser extremadamente valioso para abordar los asuntos más desafiantes que surgen en las relaciones, y que incluyen el dinero, los hábitos de nuestra pareja y las situaciones emocionales.

Dinero

Un área problemática en muchas relaciones es el dinero. Tener un contexto puede ayudarte a tener claro cuáles son las prioridades cuando surgen inconvenientes financieros, además de reducir los temores que a menudo acompañan tales inconvenientes.

Luz es pintora y fotógrafa; su pareja, Sondra, es escritora. Luz y Sondra comparten un contexto para su relación: "Nuestra relación es un lugar donde ambas podemos desarrollar nuestros dones y devolverle algo a la comunidad". Cuando surge un problema financiero, su contexto les es útil para orientar sus decisiones. Por ejemplo, decidieron salir a comer con menos frecuencia para poder costear más talleres y clases de arte. Cuando debían priorizar los proyectos de arreglos del hogar que tenían en su lista, optaron por convertir el garaje en un espacio de trabajo creativo en lugar de agregar un segundo baño a la casa.

Los hábitos de nuestra pareja

Un contexto puede también ofrecerte orientación cuando te molesta algo que está haciendo tu pareja. Después que su novio, Kevin, se mudara con ella, Tiara descubrió que él prestaba mucha menos atención a los detalles del quehacer doméstico que ella. Él dejaba las puertas de la alacena abiertas, ponía el teléfono en lugares extraños y salpicaba agua sobre la barra cuando se afeitaba.

El consejo convencional en esta situación sería comunicarse y hacer compromisos. Hablarías de tu problema, expresarías honetamente cómo te sientes, escucharías la perspectiva de tu pareja y luego negociarían un acuerdo mutuo sobre cómo abordar el problema. En su situación, Kevin y Tiara podrían alcanzar un acuerdo como: "Acepto tratar de recordar ponerle la tapa a la crema dental, y tú aceptas tratar de no enojarte cuando me olvide de hacerlo".

A primera vista, esta podría parecer una muy buena solución. *Pero llenar una relación con acuerdos como éstos es como llenarla de minas explosivas.* Eventualmente, vas a pisar una. Sin duda, Kevin se olvidará de ponerle la tapa a la crema dental de vez en cuando, lo que podría tener como resultado la frustración por parte de Tiara y la culpa por parte de Kevin.

Cuando hay desacuerdos, recurre a tu contexto para que te guíe hacia una posibilidad mejor.

Sin embargo, Tiara había planificado con anticipación. Ella había establecido un contexto para su relación con Kevin antes de que él se mudara: "Utilizaré todo lo que nos pasa para acercarnos más". Ella sabía que estos pequeños hábitos eran un problema común de las parejas que viven juntas. También sabía que incluso si ella y Kevin hablaban sobre el tema abierta y honestamente, sus hábitos aún tendrían el potencial de ser una fuente constante de molestia entre ellos. Por eso, explica: "En lugar de hablar sobre ello, decidí verlos como un recordatorio de que tengo a esta persona increíble en mi vida".

A medida que practicaba esto, descubrió que los olvidos de Kevin le molestaban cada vez menos. Algunos meses después, sintió el deseo de contarle a Kevin el éxito que había tenido al cambiar su experiencia ante esa situación. Él estaba tan impresionado de que ella jamás mencionara ninguno de sus descuidos, que se sintió inspirado para prestar más atención a sus propios hábitos. "¡Incluso me pidió que le recuerde cuando se olvida de algo!" dice Tiara con una sonrisa.

¿Recuerdas a Iván, quien adoptó el contexto "Soy completamente responsable de satisfacer mis propias necesidades"? Poco tiempo después de declarar este contexto, su esposa cambió de empleo. El puesto requería que ella se levantara dos horas antes del horario habitual. Al principio, Iván se sintió molesto por tener que despertarse todas las mañanas a las 4 en punto. "Estaba acostado pensando, '¡ya no podré dormir!'"

Después de dos semanas muy frustrantes, Iván se acordó de aplicar su nuevo contexto a esta situación. "Me di cuenta de que en realidad tenía opciones. Podía usar esas horas de la mañana para levantarme y estirarme o planificar mi día. O podría cambiar mi horario de trabajo para que coincida mejor con el de ella". Cuando empezó a ver estas otras posibilidades, "El resentimiento que sentía simplemente desapareció", dijo.

Situaciones emocionales

Los contextos también son muy valiosos para abordar situaciones que fácilmente se pueden distinguir como una amenaza para nuestra relación.

Rebeca y Jacobo tienen un contexto cada uno para su relación. El de Jacobo es "Estamos en esto juntos". El de Rebeca es "Yo hago de esta relación un lugar para la transformación y la alegría".

Jacobo cuenta la historia acerca de una profesora de yoga del gimnasio donde él se entrena. "Nos habíamos saludado un par de veces, y yo le había hablado porque quería tomar su clase. Un día después de ejercitarme, encontré su tarjeta en mi bolso, ¡con el mensaje 'Llámame cuando quieras' escrito en el dorso!"

A Jacobo le pareció divertido y halagador, y se sintió un poco nervioso. "Con mis novias anteriores, le hubiese dicho a esa chica que no me interesaba y luego mantendría mi boca callada al respecto. Pero en su lugar, la premisa 'Estamos juntos en esto' me hizo querer compartirlo con Rebeca, aún cuando no sabía cuál sería su reacción al respecto."

Cuando Jacobo le contó la historia, Rebeca admite: "Aunque sé que este tipo de cosas pasan, me sentí un poco conmocionada. Pero Jacobo me ayudó a comprender que realmente su intención era 'Estamos juntos en esto,' y eso me hizo sentir amada".

Esa sensación de sentirse amada le dio a Rebeca el aliento para mirar esta situación desde su propio contexto de hacer que su relación sea un lugar para la transformación y la alegría.

"Lo primero que me di cuenta fue que ésta era una oportunidad para que yo respondiera con algo distinto a los celos o las sospechas", dice ella. "¡Así que en realidad sugerí que tomáramos su clase de yoga juntos! Y en lugar de sentir que tenía que vigilar a mi competencia, como lo hubiese hecho en el pasado, sentí que yo era de alguna forma parte de la experiencia de Jacobo".

"Fue maravilloso", dice Jacobo. "Rebeca lo tomó como un evento interesante de la vida que podíamos compartir, en lugar de ser algo a lo que temer. ¡Incluso le dijo a Lori que la admiraba por ser tan valiente! Y estoy muy agradecido por no tener que esconderle cosas como ésta".

Puede ser difícil imaginar que dos personas pueden unirse más a través de una experiencia que generalmente produciría sentimientos de separación o temor. Pero cuando utilices tu contexto varias veces ante circunstancias desafiantes como éstas, descubrirás cuán poderoso es realmente. Estará a tu disposición cada vez que necesites un recordatorio de las razones por las que estás en esta relación.

Por qué el contexto puede ser más poderoso que el compromiso

Tenemos muchas ideas diferentes sobre lo que significa la palabra "compromiso" cuando se aplica a las relaciones. En las relaciones convencionales, a menudo se define de alguna de estas maneras:

- "Compromiso significa que siempre debes mantener tus promesas, sin importar lo que suceda".
- "Compromiso significa que debes poner las necesidades de la otra persona por encima de las propias".
- "Compromiso significa que debes enfocar todos tus pensamientos y energía sexual en tu pareja".
- "Compromiso significa que deben permanecer juntos sin importar lo que suceda, aun si ya no sienten amor".

A primera vista, parecería que estas ideas pueden crear una base de apoyo en una relación. Pero si prestas más atención notarás que, en parte, estas definiciones del compromiso son todas intentos de asegurar ciertas garantías por parte de una pareja. Muchas veces hacemos esto para reducir el sentimiento de miedo, como el miedo al abandono, a no ser especial o a que las cosas no vayan como nosotros queremos.

Definir nuestras relaciones a través de compromisos como éstos tiene el potencial de enredarnos en una red pegajosa de reglas y expectativas. No es de extrañar que muchas personas tengan miedo de que comprometerse a una relación signifique la pérdida de su individualidad y libertad.

En esencia, el verdadero compromiso no tiene que ver con definir lo que tú o tu pareja deban o no hacer. *El verdadero compromiso es un acto personal de intención, una declaración para ti mismo, "Quiero que esto funcione".* En lugar de generar expectativas, un compromiso como éste —como tener un contexto para tu relación— genera *posibilidades*.

Crear tu contexto

Mientras leías esto, puede que hayas pensado en crear tu propio contexto para tus relaciones. Crea un contexto cuando te sientas con la mente libre y los pies en la tierra, para que contenga tu sabiduría superior. Puedes comenzar haciéndote estas preguntas: *¿Hay algo que me gustaría tener más en esta relación, y de lo que puedo responsabilizarme por conseguir? ¿Hay algo que parezca estar faltando y que yo pueda aportar a esta relación con el poder de mi intención?*

Cuando desarrolles tu contexto, querrás que sea algo que tú sientas que es posible hacer. Necesitas poder decir: "Sí, yo puedo hacer esto. Soy capaz de elegir esto día tras día".

Por ejemplo, un contexto como "Soy una amante incondicional todo el tiempo" no es realista para la mayoría de nosotros en este momento. "Estoy abierto al alma de las personas" podría no ser algo muy práctico en un ambiente crispado. En lugar de eso, puedes probar con algo como "Yo brindo un lugar seguro y amoroso para nuestra relación".

Luego, tu contexto debe ser claro y conciso, pero lo suficientemente amplio para que se aplique a situaciones variadas. Debe ser algo de fácil acceso cuando te enfrentas a algo que podría ser un desafío para tu relación.

Deberás pensarlo por un tiempo. Una afirmación amplia como "Yo aporto inspiración, diversión, confianza, intimidad y apoyo a nuestra relación" podría parecer que cubre todas las bases. Pero debido a que son muchas cosas para recordar, podría ser difícil de aplicarlo cuando el camino es brusco. Por otra parte, "Yo aporto calidez e intimidad a nuestra relación", es lo suficientemente amplio para ofrecer una orientación inteligente en muchas circunstancias, y es lo suficientemente concentrado para recordarlo y aplicarlo.

> **Tu contexto te da acceso a tu propia sabiduría superior cuando más lo necesitas.**

Finalmente, tu contexto debe orientarte en dirección a un amor, una unión y una intimidad más grandes.

Tu contexto evolucionará junto contigo

A medida que experimentes con tu contexto y lo apliques a diferentes áreas de tu vida, puede que descubras que el mismo cambia o evoluciona. Iván, por ejemplo, que tiene el contexto "Soy totalmente responsable de satisfacer mis propias necesidades", puede descubrir un día que ha integrado esa sabiduría a su persona y ya no necesita recordárselo conscientemente. Entonces podría crear un nuevo contexto para que la experiencia de su relación sea aún más satisfactoria.

Es posible también que descubras que te gustaría afinar tu contexto. Mientras desempeñaba sus tareas militares en el extranjero, alejado de su esposa y sus hijos, Patricio comprendió esto: "La familia es lo más importante". Estaba decidido a que cuando volviera a casa, este contexto sería el principio que lo guiaría todos los días. Si algo no apoyaba directamente su contexto, ni siquiera lo consideraba.

Sin embargo, algunos años después, Patricio se sentía cada vez más ansioso y estresado. Había subido de peso. Se sentía entumecido, débil y cansado una gran parte del tiempo. Patricio sabía que debía hacer ejercicio, pero entre las responsabilidades de su trabajo y de su familia, sentía que no era posible apartar algo de tiempo para sí mismo. El contexto "La familia es lo más importante" en realidad impedía que abordara sus propias necesidades.

Para encontrar un equilibrio en su vida, Patricio necesitaba reconocer que una familia está en su punto más sano cuando cada individuo tiene la oportunidad de desarrollarse al máximo de sus capacidades. Él estaba haciendo todo lo que podía para que esta posibilidad estuviera disponible para su esposa y sus hijos, pero a la vez se estaba olvidando de sí mismo. Necesitaba que le recordaran que si también se cuida a sí mismo, podrá nutrir, apoyar y disfrutar mejor de su familia. Un contexto más amplio y abarcador como "Yo genero un ambiente para que todos nosotros seamos lo mejor que podamos" podría ser más efectivo. Patricio probablemente descubrirá que cuando se toma el tiempo para hacer ejercicio con frecuencia, dar sustento a su familia será más fácil y más satisfactorio.

Contextos complementarios

Cuando dos personas crean contextos individuales para su relación, a menudo descubren que esos contextos naturalmente funcionan bien juntos. Esto tiene sentido, ya que muchas veces nos sentimos atraídos hacia personas que tienen fortalezas que complementan las nuestras.

Catalina, una maestra de escuela primaria, toma clases de pintura y escultura y siempre tiene varios proyectos de arte en proceso de producción en su casa. Su esposo, Luis, es contador fiscal cuyos pasatiempos favoritos son la jardinería y la lectura.

Luis, el que tiene los pies más puestos en la tierra de los dos, guarda un lugar para que su relación prospere. Su contexto es "Yo creo un ambiente seguro para que ambos nos sintamos

> El contexto es en esencia esto: yo ofrezco lo mejor de mí; tú ofreces lo mejor de ti.

apoyados y amados". Este contexto nutre su relación de forma que ésta siga desarrollándose y floreciendo.

Catalina, que es más aventurera, mantiene la posibilidad para hacer que la vida sea estimulante. Su contexto es "Yo aporto inspiración a nuestra relación para que siga siendo juguetona y emocionante". Este contexto energiza la relación para que siga siendo vibrante.

Hablando sobre el contexto de Luis, Catalina dice: "Él ayuda a crear un ambiente perfecto para que yo explore mi lado creativo, lo cual es muy importante para mí". Y Luis dice sobre el contexto de Catalina: "¡Nunca imaginé que alguien estaría dispuesto a dar un paso al frente y hacer que una relación sea tan divertida como lo hace ella!"

Contextos compartidos

Las personas que tienen una relación de almas gemelas a menudo cuentan que tienen un propósito superior para estar juntos. Esto es algo que va más allá de las razones comunes como la intimidad o el compañerismo. Algunas parejas están comprometidas con una causa de caridad, humanitaria o ecológica, o se proponen criar a sus hijos en un ambiente consciente y amoroso con la esperanza de que cuando crezcan realicen aportes positivos a su comunidad. Otras personas dedican su unión a fines más personales, como aprender a ser más compasivos con todas las personas que encuentran.

Si tú y tu pareja sienten que tienen un propósito superior para estar juntos pero no lo han verbalizado, o si ni siquiera han considerado cuál podría ser el propósito superior de su relación, puede que quieran explorar esta idea. Consideren esta pregunta: *¿Hay algo que nos apasione a los dos y que podamos ofrecer al mundo, a la vez que mejoramos nuestra propia relación?*

Crear un contexto en común no solo enriquecerá tu relación sino que además hará más profunda la unión que experimentan todos los días. Tener un propósito superior les da a ti y a tu pareja una razón por la que vale la pena estar juntos.

Crear un contexto para tu relación te permitirá aplicar tu propia sabiduría superior en los momentos más difíciles. Hará posible que veas mejores posibilidades en cada desafío que se presente. De la misma manera, diseñar un contexto compartido le dará a tu relación significado y orientación, manteniendo el curso de tu unión para que siempre avance hacia una conexión, una intimidad y un amor más grandes.

7

Generar un espacio

*Como toda ser vivo, tu relación necesita un espacio
para crecer, desarrollarse y mantenerse sana. Un ambiente seguro,
amoroso y que brinde apoyo les permitirá a ti y a tu pareja
sostener su amor y profundizar su intimidad a medida que
expanden sus horizontes y aprovechan al máximo
todas las experiencias que comparten.*

La mayoría de nosotros no tuvimos el lujo de crecer en un ambiente donde nos sintiéramos completamente libres para ser nosotros mismos. En casa, en la escuela y en los lugares de culto, e incluso con nuestros amigos más cercanos, aprendimos que había ciertas cosas que era mejor esconder. A algunos de nosotros nos enseñaron a reservarnos nuestras emociones o a callar nuestros talentos y logros. A una edad muy temprana, muchos de nosotros sabíamos que era mejor no revelar ciertas cosas que habíamos hecho (o incluso que habíamos pensado) a riesgo de recibir un castigo emocional o físico.

Las monjas del colegio católico al que asistió Jeremías le decían todos los días que por ser un niño, él era un problema y requería monitoreo constante. Celeste, que también fue a una escuela parroquial, aprendió de pequeña que si mostraba curiosidad por su propio cuerpo, no era una "buena chica" a los ojos de Dios.

Debido a que su padre tenía la firme creencia de que "los chicos grandes no lloran", Javier se esforzaba por no sentir emociones que pudieran llevarlo a las lágrimas. En la familia de Daniela, la ridiculización era una experiencia diaria. Ella aprendió que nunca debía divulgar nada remotamente personal, porque podría ser utilizado en su contra, y seguramente así sería.

A pesar de que nuestros maestros y padres hacían lo mejor que podían, nos comunicaban de muchas maneras que no era aceptable o seguro que fuéramos nosotros mismos.

Un espacio seguro y amoroso posibilita la verdadera intimidad

En muchos talleres y grupos de discusión, las personas tienen la oportunidad de compartir detalles íntimos acerca de sí mismas y de sus vidas. Estos grupos presentan más beneficios cuando se crea un entorno de confianza en el que los participantes acuerdan que lo que se dice en el grupo no se repetirá fuera de éste. Cuando las personas se sienten seguras de revelar su ser, pueden obtener perspectivas valiosas sobre sus emociones, motivaciones y comportamiento. Incluso pueden deshacerse de las experiencias y creencias dolorosas a las que se han aferrado por años.

Los consejeros y terapeutas comprenden que un entorno seguro y amoroso es fundamental para experimentar una verdadera unión en nuestras relaciones. Saben que la verdadera intimidad implica exponernos: sacar a la luz nuestros deseos, sentimientos y pensamientos más profundos. Solamente nos sentimos atraídos a revelar así nuestro ser cuando sabemos que estamos en un ambiente de cariño y apoyo.

Cuando somos capaces de ser auténticamente nosotros con nuestras parejas, podemos hablar de lo que realmente nos pasa, incluso de cosas que muchas parejas consideran tenebrosas o tabú. Sacar a la luz las partes más oscuras de nuestro ser, en presencia de nuestra pareja, nos une en un nivel de intimidad que va más allá de lo que muchas parejas pueden experimentar. Es esa unión la que nos permitirá aceptar e incluso adoptar las circunstancias más desafiantes a las que podamos enfrentarnos juntos.

Además de promover la verdadera intimidad, un espacio seguro y amoroso en la relación nos alienta a expandir nuestros horizontes constantemente. Cuando somos jóvenes, es natural experimentar: adquirir nuevas destrezas, probar nuestras limitaciones y probar nuevas maneras de ser. Cuando somos adultos, es igualmente natural continuar con esta exploración de uno mismo: desarrollar nuestros intereses y talentos, aceptar nuevas ideas y personas, y preguntarnos por el significado y el propósito de nuestras vidas. No obstante, muchos de nosotros le hemos cerrado las puertas a este proceso de autodescubrimiento

> Cuando te esfuerzas por aceptar todo lo que tu pareja te presenta, él o ella se sentirá más atraído hacia ti que nunca.

sin darnos cuenta. Al haber experimentado las críticas, el rechazo y los "fracasos" en el pasado, creemos que los demás no nos amarán ni nos darán su aprobación si ven quiénes somos en realidad.

Una vez que creamos un espacio seguro, nos sentiremos inspirados para abrir con fuerza esas puertas. Cuando sepamos que nuestra pareja realmente nos acepta, seremos más creativos y alegres, y estaremos mucho más dispuestos a asumir riesgos. Nos sentiremos atraídos a conectarnos con gente nueva y estaremos abiertos a nuevas posibilidades. Nos sentiremos inclinados a decir sí cuando antes solíamos decir no.

Así como los niños que son criados en un ambiente amoroso y comprensivo se desenvuelven con confianza cuando salen al mundo, un espacio amoroso en una relación nos brinda apoyo aun cuando debemos valernos por nosotros mismos. Es más probable que intentemos cosas nuevas, porque sabemos que hay una audiencia receptiva y dispuesta con quien podemos compartir nuestras experiencias más tarde. Sin importar si estas vivencias son o no divertidas, desafiantes o incluso desalentadoras, sabemos que nuestra pareja estará allí para ayudarnos a aprender todo lo que podamos a partir de ellas.

Despejar el espacio deshaciéndote de los resentimientos

Creamos un espacio seguro y amoroso para nuestras relaciones al aprender a aceptar por completo a nuestra pareja, a nosotros mismos y a todo lo que se presenta. *En resumen, creamos un espacio seguro a través de la aceptación.*

GENERAR UN ESPACIO

¿Qué es lo que obtienes cuando se aceptan el uno al otro por completo, o incluso casi por completo? Obtienes lo que toda relación necesita para prosperar: *libertad*. Cuando no inviertes todo tu tiempo y tu energía en resistirte a lo que tu pareja es o hace —cuando logras realmente *estar* allí cuando estás con ella— entonces estás libre para disfrutar y apreciar todo lo que tu pareja y tu relación tienen para ofrecer.

Cuando inicies una nueva relación, comprométete a hacer lo que sea necesario para crear y mantener un espacio en tu relación que sea seguro y amoroso. Sí, esto va a requerir intención y determinación. Pero es mucho más satisfactorio —y ciertamente más fácil— que desenredar el lío que generalmente creamos después de meses o años de relacionarnos de manera inconsciente.

Si has estado en una relación por un tiempo y se han acumulado capas de resentimiento y desconfianza, requerirá decidido esfuerzo por parte de los dos para crear un ambiente amoroso y comprensivo. Cada paso que den en esta dirección aumentará las posibilidades de experimentar una verdadera intimidad y alegría en su relación.

A menudo insistimos con que no podemos olvidar las cosas que nos parecen molestas o que nos causan resentimiento. Pero esta idea es solamente otra creencia restrictiva. Cuando finalmente nos damos cuenta de que aquello a lo que nos aferramos es la verdadera causa de nuestro sufrimiento —*y cuando nuestro deseo de conectarnos es más fuerte que el deseo de tener razón*— realmente *podemos* abandonarlo.

Un espacio seguro en una relación está libre de juicios, críticas y culpa.

Para generar y mantener una experiencia de alma gemela, es fundamental que aprendamos a ser flexibles cuando nos demos cuenta de que tenemos posturas, expectativas y otros apegos hacia cómo deberían ser las cosas.

Identifica tus resentimientos

Una manera poderosa de liberar tu relación de la carga asfixiante del resentimiento es disolverlos *juntos*. Si ambos se comprometen a crear un espacio seguro y amoroso en su relación, entonces sacar sus resentimientos a la luz y ayudarse mutuamente a liberarlos puede ser una experiencia de vinculación afectiva maravillosa.

Si quieren intentar esto juntos, sepan que requerirá de una fuerte intención de mantenerse unidos mientras se concentran en liberar, y por ende sanar, sus resentimientos. La fuerza que los impulsará a defender y justificar sus posturas puede ser muy poderosa. Sigan con ese proceso sólo mientras ambos sientan que es útil, es decir, ¡mientras esto *reduzca* el resentimiento en lugar de *incrementarlo*!

Si no están listos para intentar este proceso como pareja, hacerlo tú solo es igualmente valioso. Cada resentimiento que abandones inmediatamente generará más espacio y armonía en tu vida y en la experiencia de tu relación.

Comienza este proceso haciendo un inventario personal. Haz una lista de los resentimientos que tienes hacia tu pareja. Pueden tratarse de

> **Es poco probable que nos sintamos satisfechos con una relación a través de la creencia de que es nuestra pareja quien tiene que cambiar.**

cosas del pasado, como "No me hiciste una fiesta en mi cumpleaños número treinta". O pueden ser sobre situaciones que se presentan frecuentemente, como "Me molesta cuando dejas platos sucios sobre la barra".

Una vez que hayas identificado todo lo que puedas, dale prioridad a los ítems de tu lista según la facilidad con la que pienses que los puedes abandonar.

Disuelve tus resentimientos uno por uno

Si han acordado hacer este proceso juntos, comienza experimentando con cosas pequeñas que a ninguno de los dos les importa mucho. Comparte uno de tus resentimientos y, juntos, busquen maneras de liberarlo.

Sean lo más objetivos posible y mantengan la mente abierta al máximo de sus capacidades mientras hacen esto. Ver tus resentimientos y los de tu pareja como si pertenecieran a otra persona es una manera de evitar enredarte emocionalmente en ellos. Recuerda, la idea aquí es utilizar el apoyo de tu pareja —que a menudo es simplemente su presencia amorosa— para abandonar tus resentimientos, no para intentar cambiarla.

Si estás haciendo esto por tu cuenta y sientes que tu pareja lo aceptaría, puedes contarle que estás en el proceso de descubrir y liberar tus resentimientos.

Para comenzar con el proceso de purga, recuerda que tus resentimientos son elecciones que estás haciendo sobre cómo ves a tu pareja o te relacionas con ella, y que *puedes elegir algo diferente*. Luego examina tus resentimientos uno a uno. Para cada ítem, hazte las siguientes preguntas:

- ¿Mantener este resentimiento me ayudará a crear una relación amorosa y unida?
- ¿Estoy dispuesto a aceptar lo que me ha causado resentimiento con el fin de tener una experiencia de relación más satisfactoria?
- ¿Es posible que otra persona pueda aceptar fácilmente este aspecto de mi pareja?

Ahora vuelve al tema de las lentes descritas en la sección "Libérate del resentimiento" en el capítulo 3. Por cada resentimiento en tu lista, fíjate si alguna de estas lentes pueden ayudarte a comenzar a disolverlo.

Si están haciendo esto en pareja, puedes decir algo como: "Me doy cuenta de que siento resentimiento cuando dices que estarás en casa a las seis y llegas a las siete. Ya no quiero experimentar eso". Luego pueden explorar juntos cómo sería la situación si la ven a través de la lente "Esto no está relacionado con mi valor" o de la lente "Todos hacen lo mejor que pueden".

A medida que comienzas a liberarte del peso de tus posturas y ataduras, sentirás que la relación se abre. En este espacio más libre y más liviano, naturalmente se relacionarán el uno con el otro con actitudes más expansivas y receptivas.

Mientras su prometido estaba lejos, en un de fin de semana de soltero, tres semanas antes de su boda, Avasa dedicó tiempo a evaluar los resentimientos que había acumulado durante los dos años de su relación. El primero que analizó fue el resentimiento por la cantidad de tiempo que a Matías le gustaba pasar viendo películas. Por lo general ella lo acompañaba, aunque a menudo sentía un leve resentimiento porque no estaban haciendo algo que ella sentía sería más significativo.

Avasa reconoció que había estado interpretando el tiempo que Matías pasaba mirando películas como tiempo en el que no le prestaba atención, y lo asociaba con una falta de amor hacia ella. Notó que su resistencia en esta área no los había unido más, de hecho, había pasado lo contrario.

Aunque puede que no lo comprendiera por completo, ella se dio cuenta de que este pasatiempo es la manera en que Matías recarga sus energías. Se le ocurrió que podría usar ese tiempo en que él ve películas como una oportunidad para recargar su propia energía. Mientras él se relaja frente al televisor, ella podría darse un baño, leer, escribir en su diario o hacer cualquier otra cosa para la que ella generalmente no tiene tiempo.

La noche en que Matías regresó de su viaje de fin de semana, Avasa se sentía alegre, llena de energía y muy emocionada de verlo. Después de darle un gran abrazo y un beso, lo primero que dijo Matías fue: "Estoy exhausto. Me encantaría ver una película esta noche".

"Muy bien", dijo Avasa con una sonrisa, e inmediatamente recibió una

> Se requiere de energía vital muy preciada para guardar resentimientos, energía que estará disponible para otros propósitos cuando elijamos *aceptar* en lugar de *resistirnos*.

mirada de sorpresa de su prometido. Al liberar el resentimiento que estaba cargando, dice Avasa, "Soy una mujer nueva. ¡Todo es mucho más sencillo!"

La nueva capacidad de Avasa para cambiar su perspectiva es un regalo para su inminente matrimonio que, además, tiene el poder de evitar que los asuntos menores se conviertan en problemas mayores. Si su resentimiento vuelve a surgir, ella lo reconocerá y sabrá cómo transformarlo en algo positivo para ambos.

Mantener limpio el espacio de tu relación

La mayoría de las parejas piensan que muchas de las cosas que surgen en la relación son demasiado triviales para ocuparse de ellas. Pero si no se atienden, esas cosas "triviales" —como pequeñas quejas o expectativas implícitas acerca de nuestra pareja o de la relación— se unen para formar problemas más grandes, hasta que un día podemos vernos abrumados pensando cómo desenredarnos de la situación.

Si tú y tu pareja han creado un ambiente seguro y amoroso para la relación, será fácil notar cuando aparezcan incluso los asuntos más pequeños. *Para mantener limpio el espacio de tu relación, atiende los problemas a medida que surjan.*

Las personas a menudo protestan diciendo "Eso parece requerir mucho trabajo. ¿No podemos acordar dejar pasar algunas cosas?"

Al no dejar que las cosas se acumulen en el espacio de tu relación, estás haciendo lugar para otras posibilidades.

GENERAR UN ESPACIO

El problema está en que la mayoría de nosotros no sabemos *cómo* dejar pasar las cosas. Lo que hacemos en lugar de eso es tratar de ignorar o esconder nuestros sentimientos de irritación, resentimiento y dolor con la esperanza de que eventualmente desaparezcan.

Por supuesto que estos sentimientos no desaparecen, y cuantas más cosas como éstas acumulemos, menos claridad tendremos para abordar los nuevos desafíos que aparezcan. Con un revoltijo de cuestiones sin resolver, a menudo es difícil separar lo que nos molesta cuando surge algo más. Eso se debe a que *nuevos sentimiento como resentimiento, enojo o molestia generalmente disparan emociones similares del pasado que aún permanecen en nosotros.* Puedes ver esto cuando las parejas discuten. Comienzan con un tema y luego desentierran resentimientos pasados y los lanzan al cuadrilátero también.

Al resolver las cuestiones a medida que surjan, nuestra relación continuará siendo un lugar en el que los dos queremos estar.

Cuando aparezcan los problemas, ¡y aparecerán!

El secreto para atender los desafíos a medida que surgen es abordarlos de una manera que haga que cada problema pueda ser resuelto y que, al mismo tiempo, mejore la conexión con tu pareja.

A pesar de que escuchamos que llegar a un acuerdo puede ser la mejor manera de resolver las dificultades, no siempre da como resultado una unión más fuerte entre dos personas. Por definición, hacer un acuerdo significa "ajustarse o resolverse por concesiones mutuas". Puede incluir hacer acuerdos sobre cómo se comportarán tú y tu pareja, establecer nuevas reglas o implementar otras limitaciones o restricciones.

Aunque las reglas y las restricciones pueden darnos una sensación temporal de seguridad, rara vez fortalecen una relación. De hecho, a medida que se acumulan, pueden debilitarla severamente. Además, tales limitaciones a menudo vienen acompañadas de culpa y resentimiento. Cuando hacemos acuerdos, básicamente estamos diciendo, "Acepto ser menos y menos yo mismo, y tú aceptas ser menos y menos tú mismo". En este proceso, asfixiamos lentamente la capacidad de crecimiento, autoexpresión y alegría de nuestra relación.

La práctica de la aceptación, en lugar de la concesión, es el camino más corto hacia una experiencia abierta y comunicativa con tu pareja.

Cuando uno de ustedes se da cuenta de que hay un sentimiento de separación entre ustedes, tómense un respiro. Recuerden que ésta es una oportunidad para aumentar la unión. De hecho, es la oportunidad perfecta, porque *cada desafío que se presenta en tu relación tiene el potencial de llevarlos a ambos a una intimidad más profunda*. La primera persona que invoca su atención para notar la separación puede llevarlos a ambos en una dirección más armoniosa. Frecuentemente la necesidad de tener razón es muy fuerte, así que esto puede

Cada desafío en tu relación es perfecto para tu crecimiento y el de tu pareja.

demandar mucha voluntad. Llama la atención amablemente hacia esa desconexión sin hacer que ninguno de los dos se sienta culpable por eso. Esto les dará a ambos la oportunidad de dar un paso atrás de sus posturas (¡sin alejarse el uno del otro!) y ver la situación desde una perspectiva más amplia. Puedes decir algo como: "Oye cariño, siento que ambos tenemos la necesidad de estar en lo correcto. ¿Qué te parece si dejamos esta conversación por un momento y vemos lo que realmente nos está pasando?"

La clave ahora es utilizar esa apertura que creaste para quitar la atención del problema inmediato. Puede que ambos necesiten un poco de tiempo para revisar sus propias actitudes. Permítanse sentir las emociones que se despertaron dentro de cada uno. Pero no las aumenten al seguir pensando sobre el problema de manera controversial, como se hace al pensar de qué manera convencer a tu pareja de tu posición. Puede que te sientas influenciado por la necesidad de tener razón por un tiempo más, pero siempre puedes elegir no actuar en base en ello.

Desde esta perspectiva más amplia, revisa si los dos están listos para hablar acerca de su experiencia sin volver a involucrarse en el problema. Al tomar la decisión consciente de abandonar sus posturas tanto como sea posible, pueden explorar la situación desde un lugar de unión en vez de desde la separación. En el espacio receptivo que esto crea, es más probable que logres reconocer y aceptar cualquier pensamiento, sentimiento o reacciones que cualquiera de los dos exprese, sin acusar ni repartir culpas. Aceptar lo que sea que tu pareja presente no implica estar de acuerdo, y

> **No necesitamos mejorar nuestras habilidades de comunicación tanto como necesitamos ser conscientes de la intención con la que nos comunicamos.**

no significa dejar que tu pareja te atropelle. *Simplemente significa que reconoces y aceptas que ésta es la experiencia de tu pareja en este momento.*

Saca a la luz cualquier cosa nueva que notes en este proceso de exploración. "Veo que aún quiero tener la razón en esto; hay una parte de mí que no quiere abandonar esto". "Me doy cuenta de que me preocupa que no me quieras si notas esto en mí".

Si surge en ti la necesidad de acusar, simplemente reconócela de una manera no amenazante: "Noto que quiero culparte por esto". Si tu pareja te dice algo así, acepta esto como la experiencia que él o ella está teniendo en ese momento. Puedes responder con: "Puedo comprender eso. También sentí lo mismo alguna vez".

Ahora es momento de descubrir lo que cada uno tiene "fuera de su círculo".

Expandirte para incluir y hacer que eso contribuya

Imagina que dibujas un círculo a tu alrededor. Todas las cosas que aceptas en tu vida —personas, situaciones, ideas— están dentro de ese círculo. Todo lo demás, cualquier cosa a lo que te resistes, está fuera de ese círculo.

"Cuando sufres", decía a menudo Michael Naumer, "es porque hay algo fuera de tu círculo. Sea lo que fuere que no está dentro de tu círculo, te controla a ti y a tu relación".

Mantener tu resistencia a las cosas que están fuera de tu círculo requiere de mucha energía. Por ejemplo, si no has aceptado el hecho

GENERAR UN ESPACIO

de que tu media naranja no es tan ordenada como tú, frecuentemente te molestará su desorden. Si él o ella tiene un hábito que te parece molesto —como una risa fuerte o el sonido que hace cuando come— probablemente estarás distraído cuando estén juntos, y no podrás sentirte completamente cómodo. Esta resistencia requiere de energía que podrías usar en mejores cosas.

Cuando tú y tu pareja analizan algo que surgió entre los dos, el objetivo es descubrir qué es lo que está fuera de su círculo. Es algo que no logran ver, aceptar o reconocer acerca de su pareja, de ustedes mismos o de la situación. A menudo es una creencia o una suposición que no te sirve, y generalmente será diferente para cada uno de los dos.

Cuando descubran lo que está fuera de su círculo, estarán viendo la causa real de la falta de armonía. Ahora tienen la oportunidad, como dijo Christina Naumer, esposa de Michael Naumer, de "expandirse para incluirlo y hacer que eso contribuya". *Cuando expandes tu círculo para aceptar aquello que rechazabas y permites que esto contribuya a tu experiencia, la dificultad con la que estaban luchando comienza a disolverse.*

Encontrar la manera de que algo que está fuera de tu círculo de hecho contribuya a la experiencia puede parecer imposible al principio. Después de todo, a veces hemos rechazado una situación o una idea por años, mientras recolectábamos evidencia de la razón por la que deberíamos seguir rechazándola.

Para superar nuestras defensas, es útil reflexionar con preguntas como éstas: *¿Qué puedo apreciar acerca de tener esto en mi vida? ¿Qué* *oportunidad me presenta esta situación? ¿De qué manera podría esta situación en verdad contribuir con mi relación?*

Usar el concepto "expandirte para incluir y hacer que eso contribuya"

Cuando Sofía y Andrés comenzaron a salir, estaban ansiosos de pasar tiempo juntos toda vez que podían. Pero después de algunos meses, se vieron luchando con el asunto de cuánto tiempo debían pasar juntos.

Sofía está apasionadamente involucrada en una cantidad de proyectos y actividades; Andrés es más bien del tipo tranquilo. Aunque Andrés valora que Sofía tenga tantos intereses a los que dedicarse, también siente que es importante que las parejas hagan cosas juntos con frecuencia.

La fricción que se generaba sobre el tema de cómo dividir su tiempo llegaba a su punto máximo cuando Andrés invitaba a Sofía a algún evento como un juego de béisbol o una exposición de automóviles. Sofía, tironeada entre sus proyectos y el deseo de darle lugar a Andrés, se sentía frustrada con estas invitaciones. Generalmente terminaba por ir, pero sentía resentimiento por el tiempo que tomaban esas salidas pues se lo restaba a sus propias aspiraciones.

Sin poder resolver esta cuestión, Andrés y Sofía acordaron mirarla desde otra perspectiva. Andrés debía buscar lo que estuviera fuera de su círculo y expandirse para incluirlo, y Sofía haría lo mismo.

Sofía descubrió que lo que estaba fuera de su círculo era el hecho de que Andrés disfruta de hacer cosas sin tener un objetivo en mente. Al principio se resistió a la idea de que tales actividades podrían aportar algo de valor a su relación. Luego se preguntó, ¿*Qué puedo apreciar de tener esto en mi vida?* Rápidamente reconoció que no necesariamente *quería* estar en una relación con alguien que tuviese el mismo empuje que ella. También se dio cuenta de que el enfoque con los pies más puestos en la tierra sobre la vida que tiene Andrés, en realidad se complementaba muy bien con el de ella, y comenzó a sentirse agradecida por su influencia relajadora.

> Si tú y tu pareja tienen diferentes enfoques sobre cómo estar en una relación, "expandirte para incluir y hacer que eso contribuya" te ayudará a crear un nuevo enfoque que funcione para los dos.

Luego Sofía consideró esta pregunta: *¿De qué manera podría esto contribuir a nuestra relación?* Decidió que podría ver las invitaciones de Andrés como una oportunidad para recargar sus energías. Si ella siente que estar con él es beneficioso, irá, y lo hará con la intención de disfrutar completamente.

Andrés vio que lo que estaba fuera de su círculo era la idea de que las parejas felices no necesitan hacer cosas juntos todo el tiempo. "Siempre había creído que estar en una relación tenía que ver con *estar juntos*", dijo.

Cuando se preguntó, *¿Qué puedo apreciar de tener esto en mi vida?*, Andrés se dio cuenta de que había varias maneras de que la falta de interés de Sofía en las actividades que él disfrutaba podía contribuir a la relación. Él podría inspirarse en el compromiso de Sofía por las cosas que le importan. Podría valorar el hecho de que su relación le brindaba mucho tiempo libre para estar con sus hijos, quienes adoran las exhibiciones de autos y los partidos de béisbol. Y podría utilizar el tiempo que pasa lejos de Sofía para aumentar la emoción de estar con ella cuando sí estuviesen juntos.

Todo lo que surge en tu relación puede ser una oportunidad para profundizar su conexión.

Puede que tengas que buscar bastante para encontrar la manera de que algunas cosas contribuyan a tu relación. Miremos el caso de Benjamín, un atleta de treinta y tantos años. Él salía con Sarah desde hacía varios meses y tenía dificultades con el hecho de que ella fumara.

"Ella sólo se permite fumar un cigarrillo por día", dijo él, "y nunca lo hace cuando está cerca de mí, pero me siento incómodo con la idea que esté haciendo algo tan destructivo para su cuerpo".

A regañadientes Benjamín aceptó considerar la posibilidad de que el hábito de fumar de Sarah pudiera en realidad contribuir a su relación. "Una de las razones por la que me resisto tanto", descubrió él, "¡es que espero que mi disconformidad la motive a dejarlo!" Pero nota que no ha sido una influencia positiva. Por el contrario, su resistencia generó resentimiento y alejamiento por parte de Sarah.

Luego, Benjamín consideró la pregunta *¿Qué oportunidad me ofrece esta situación?* Se dio cuenta de que ésta era la oportunidad perfecta para practicar aceptar las elecciones de estilo de vida de otras personas, algo en lo que había trabajado por años. Si no podía hacer eso con la mujer que amaba, sería muy difícil hacerlo con cualquier otra persona.

En pocos días Benjamín descubrió que podía aceptar que Sarah fumara. Como sucede a menudo cuando finalmente dejamos de oponernos a lo que hace otra persona, Benjamín también comenzó a notar un cambio en Sarah. Ella se mostraba más relajada cuando estaba con él, e incluso, unas semanas después, mencionó que tal vez era hora de dejar de fumar para siempre.

Benjamín descubrió algo intrigante. *Aunque la práctica de la aceptación no tiene nada que ver con el cambio o no de la otra persona, es sorprendente que con frecuencia tiene ese efecto.*

Jueguen juntos a "expandir para incluir"

Tú y tu pareja pueden incluso crear un juego para abordar las circunstancias, personas o situaciones desafiantes con el espíritu de *¿Qué podemos apreciar de tener esto en nuestras vidas? ¿Qué oportunidades nos ofrece esta situación? ¿Cómo podría contribuir esto a nuestra relación?* Busquen algo que les moleste a los dos, como un vecino malhumorado o el estacionamiento lleno en el supermercado. Luego experimenten con formas nuevas de ver la situación que les permita expandir el círculo de su relación para incluir esto.

También pueden jugar con el tiempo que transcurre entre el momento en que ocurre algo inesperado y el momento en que encuentran una manera de aceptarlo e incorporarlo. Cuando el auto se avería, pierdes tu vuelo o llegas al cine y descubres que no quedan boletos, ¿qué tan pronto puede alguno de ustedes cambiar el enfoque de la frustración o la desilusión hacia una respuesta más positiva?

Mientras juegan a "expandir para incluir", descubrirán que su círculo continúa haciéndose más amplio. *Cuanto más grande se vuelva el círculo, más espacio tendrán para mantener una relación saludable.*

*Al crear un espacio amoroso y comprensivo para la relación,
tú y tu pareja se relacionarán a niveles mucho más íntimos.
Cuando surjan dificultades, sabrán que en lugar de separarlos,
estos momentos pueden en verdad unirlos más. Un espacio seguro
les dará además la oportunidad de expandir la relación
de maneras nuevas y emocionantes, porque lo que realmente
están creando es un espacio para mejores posibilidades.*

8

Convertir las expectativas en invitaciones

Las expectativas pueden ser la mayor amenaza para experimentar una verdadera conexión y armonía en tu relación. Antes que puedas siquiera darte cuenta de ellas, estas creencias sobre lo que tu pareja debe o no debe hacer pueden causar un gran daño. No obstante, detrás de cada expectativa hay un auténtico deseo de conectarte con la persona que amas. Cuando expresas esos deseos auténticos a través de simples invitaciones, todo en tu relación tiene el potencial de presentarse como un obsequio.

Cuando comienzas a salir con alguien, es natural presentar la mejor versión de ti mismo. Va más allá de encontrar cosas interesantes para hacer y asegurarte de no tener espinaca en los dientes. Es probable que te muestres receptivo, lleno de energía y dispuesto a probar cosas nuevas. Estás abierto a quien es esta persona y a ver el mundo desde su perspectiva.

Recuerda cuando salías con alguien nuevo. Vas a cenar, disfrutas por completo el sentimiento de estar en este dúo especial. La comida llega, pero están tan cautivados con la conversación que apenas la tocan.

La relación avanza, y pasan semanas o meses. Aún disfrutan de estar juntos, pero ahora cuando salen, a menudo están más concentrados en el menú que en el otro. Lenta y casi imperceptiblemente, relacionarse el uno con el otro ha sido eclipsado por los detalles de la vida diaria.

¿Qué sucedió? ¿Cómo pasó tu relación de ser extraordinaria un día a simplemente ordinaria al día siguiente?

Una de las causas principales de este proceso de apagado es el surgimiento de las expectativas. *Una expectativa es una creencia que sostenemos acerca de cómo debe actuar o comportarse otra persona.* La verdad es que la mayoría de nosotros tenemos varias de ellas. No debe sorprendernos que a menudo sea más fácil reconocer las expectativas de otras personas que ver las propias.

Nuestras expectativas podrían comenzar a dañar nuestra relación mucho antes de darnos cuenta de que están contribuyendo a nuestros problemas o incluso de notar que las tenemos. Para el momento en que notamos nuestras expectativas, el simple hecho de contemplar el esfuerzo que tomaría desenredarnos de ellas nos puede hacer sentir confundidos, abrumados y deprimidos.

La caída del pedestal

Cuando estás en una nueva relación, te sientes en un estado superior de consciencia. Una vez que la novedad pasó, es probable que mires al pasado con melancolía. Incluso puede que te digas a ti mismo que la magia que sentiste fue sólo una ilusión. Pero durante ese período de tiempo, realmente *estuviste* en un estado superior de consciencia. Estabas abierto a lo que significaba esta nueva relación, y a quien tú podías ser en ella. Estabas dispuesto a explorar y a cambiar. Aceptabas los rasgos de la personalidad de tu nuevo amor, sus intereses e idiosincrasia casi sin juzgarlo.

Estar abierto y receptivo es precisamente lo que significa un estado superior de consciencia.

Algunas personas nos advierten que no debemos poner a nuestro nuevo amor en un pedestal. Nos avisan que una vez que bajemos de la nube de la relación, la persona que pusimos en ese lugar de honor se caerá del pedestal y experimentaremos otra desilusión.

A menos que nuestro nuevo amor haya dado una imagen diferente de sí mismo —por ejemplo diciendo que era soltero cuando era casado— ponerlo en un pedestal es un reflejo de nuestro *propio* estado mental elevado. Hemos puesto a esta persona en ese lugar por estar abiertos a ella —emocional, física y psicológicamente— y ser receptivos a sus ideas, deseos e intereses. Nuestra nueva pareja se cae del pedestal no porque de repente la vemos de manera realista, sino porque gradualmente nos vamos cerrando a quien en realidad es. Las cosas que aceptábamos fácilmente antes, ahora las rechazamos. *La caída de nuestra pareja del pedestal es parte de nuestro propio proceso de cerrarnos.*

En lugar de ver a nuestra pareja a través de los ojos sin prejuicio de un nuevo amante, ahora la vemos a través de las creencias que hemos desarrollado con respecto a quién es y a cómo debe ser en relación con nosotros. Creemos que aún la vemos con objetividad, pero en realidad vemos a nuestra pareja a través del filtro de nuestras crecientes expectativas. Luego nos preguntamos qué pasó con todas las posibilidades que sentimos que existían al principio.

Si esto te suena familiar, anímate. Ese estado más iluminado en el que estabas cuando se conocieron es toda la prueba que necesitas para saber que tienes la habilidad de abordar tu relación desde una perspertiva superior.

¿Qué son las expectativas?

Cuando iniciamos una nueva relación, es posible que sintamos que finalmente hemos encontrado a la persona perfecta con quien compartir la vida. En un esfuerzo por preservar esta felicidad que acabamos de hallar, comenzamos a crear expectativas para tratar de asegurarnos de que nuestra pareja continúe brindándonos todo lo que queremos o pensamos que necesitamos.

Generalmente no se trata de un proceso consciente; simplemente es parte de lo que hemos aprendido sobre cómo funcionan las relaciones. Nos dicen que las expectativas son inevitables. Estamos condicionados a tenerlas no sólo con respecto a nuestra pareja, sino que también estamos programados para esperar que nuestra pareja tenga expectativas con respecto a nosotros.

Las expectativas tienen mucha más prevalencia en nuestra vida de lo que nos damos cuenta. La mayoría de nosotros llevamos una

CONVERTIR LAS EXPECTATIVAS EN INVITACIONES

extensa colección de expectativas a cada nueva relación, algo que adquirimos de nuestras familias y amigos, de los medios y de relaciones anteriores. Agregamos más a medida que la vida con nuestra pareja avanza en nuevas direcciones, como vivir juntos, comprar una casa, casarnos o iniciar una familia.

Recuerda, las expectativas son creencias acerca de lo que alguien debería o no hacer, y sobre cómo deberían o no comportarse. Tenemos estas creencias acerca de todas las personas en nuestra vida, incluyéndonos a nosotros mismos.

Estos son algunos ejemplos:

- "Karina debería apoyar mis decisiones".
- "Jonás no debería contradecirme en público".
- "Paulina debería consultar conmigo antes de hacer planes con sus amigas".
- "Máximo no debería gastar nuestro dinero en boletos de lotería".
- "Cristal no debería comprar un café con leche cada mañana".
- "Santiago debería avisarme cuando planea hacer algo que no me incluye".
- "Luciana debería desear tener sexo más a menudo".
- "Natanael debería ser más romántico".
- "Yo debería estar más avanzado en mi carrera."

Debajo de estas expectativas más obvias existe una capa de creencias más sutiles acerca de cómo deberían ser las cosas. Las creencias subyacentes como éstas están tan enraizadas que a menudo están completamente ocultas de nosotros:

- Mi pareja debería compartir mis valores y creencias básicas.
- Mi pareja debería comprenderme.
- Mi pareja debería saber lo que yo quiero.
- Mi pareja debería saber cómo me siento.
- Mi pareja debería ser siempre la misma persona de la que me enamoré.

"¿Qué hay con el matrimonio?", podrías estar pensando. "Tenemos que tener expectativas en el matrimonio. Ésa es una de las razones por las que existe esta institución: para que podamos contar con que nuestra pareja haga ciertas cosas, y ella pueda contar con que nosotros haremos otras cosas a cambio". Hasta cierto punto, esto es cierto. Si el esposo de Olivia dice que él recogerá a la hija de ambos después de la escuela, Olivia ciertamente esperará que él se esfuerce por cumplir con este acuerdo. Si la esposa de Víctor dice que ella hará la cena esa noche, naturalmente él espera que ella prepare suficiente comida para ambos.

Lo que caracteriza a estos acuerdos es el espíritu con el que se hacen. Estos acuerdos se entablan de forma libre y mutua, sin culpa o coerción. Son un componente natural de la cooperación entre dos personas para la búsqueda de una vida feliz y satisfactoria.

Las expectativas quitan el potencial de sorpresa, por lo cual lo mejor que pueden generar es la predictibilidad.

Las expectativas que nos preocupan son aquéllas que no surgen del acuerdo mutuo. Este tipo de expectativas frecuentemente implican un intento por controlar o influenciar a nuestra pareja. De una manera u otra, nos causarán sufrimiento cuando ella no las cumpla.

Es imposible exagerar al enfatizar el daño que las expectativas pueden causar. Si las tomamos individualmente, algunas pueden parecer intrascendentes o incluso aceptables. Pero una relación puede llenarse tanto de ellas que, en lugar de ser una fuente de alegría, comienzan a pesar sobre nosotros. Si no estamos atentos, podríamos algún día quedar atrapados en alguna clase de "infierno de las relaciones".

Cómo las expectativas cierran las puertas de nuestras relaciones

Cualquier expectativa que tengamos tiene el potencial de producir desilusión, frustración, enojo y resentimiento. ¿Cómo te sientes si tienes una expectativa que no se ha cumplido? ¿Desilusionado? ¿Molesto? ¿Enojado? ¿Todo lo anterior?

Las expectativas pueden crear indiferencia e incluso aburrimiento. ¿Cómo te sientes si tienes una expectativa y tu pareja cumple con ella? ¿Emocionado? ¿Lleno de alegría? ¿Agradecido? Probablemente no.

Aunque nuestras expectativas pueden darnos una sensación de seguridad, nunca nos sentiremos seguros por completo. De alguna manera, siempre sentiremos ansiedad porque una o más de estas expectativas no se cumplirán. Además de esto, como le gustaba señalar a Michael Naumer: "Las expectativas cancelan la habilidad de nuestra pareja de brindarnos eso que nosotros queremos".

Supongamos, por ejemplo, que es muy importante para Alonso mantener una unión sexual cercana con su novia. Sin embargo, él sabe por experiencias pasadas que si Isabel mira a otro hombre con interés, se sentirá celoso. Para tratar de evitar esa experiencia, él ha hecho lo que mucha gente: ha generado la expectativa de que Isabel no debe sentirse físicamente atraída a nadie más.

Eventualmente ocurre lo inevitable. Salen juntos, se están divirtiendo, cuando Isabel mira a un chico atractivo que está al otro lado del lugar. Alonso sube la guardia inmediatamente, y desde ese momento, las cosas se deterioran rápida y previsiblemente. Él observa a Isabel buscando señales de interés mientras se escucha a sí mismo hacer un comentario "inocente", con un evidente tono de crispación. Isabel siente la tensión en el aire y rápidamente se da cuenta de cuál es el problema. Entonces ella responde con alguna forma de molestia por su parte, como un deseo repentino de marcharse o de contestar con un brusco "¿Cuál es el problema?"

Sin importar cómo reaccione Isabel a los celos de Alonso, ya no están conectados. Están lejos de eso. Sin querer, él ha cancelado la habilidad de Isabel de brindarle lo que él realmente quiere: una unión sexual cercana con ella.

> Con un mínimo de expectativas, la relación está viva. Puede respirar, crecer y expandirse.

De la misma manera, veamos a Eva, que tiene la expectativa de que "Carlos debería querer pasar las noches de sábado en casa conmigo".

Sin embargo, Carlos prefiere tocar música con sus amigos esa noche, como lo hizo siempre antes de conocer a Eva. Aunque puede ser cierto que pasar algunas noches de sábado juntos sería beneficioso para la relación, cualquier acción que realice Eva basándose en sus expectativas pondrá a Carlos a la defensiva. Una vez que él se sienta a la defensiva, estará menos receptivo a cualquier cosa que ella tenga para decir.

> A nadie le gusta actuar de acuerdo a las expectativas de otra persona.

Para ver otro ejemplo de cómo las expectativas pueden impedirnos tener las experiencias que deseamos, consideremos a Gabriel, cuya pareja, Julieta, se ha mostrado reacia a iniciar la relación sexual. Él habla sobre ese tema con ella, le transmite su deseo de que ella asuma un rol más activo de vez en cuando. Después de esa conversación, su expectativa es que ella cumpla, pero noche tras noche no lo hace. Cuando Gabriel le expresa a ella su frustración, en lugar de darle lo que él quiere, tiene el efecto contrario: Julieta se siente más incómoda, más cohibida y es menos probable que inicie el contacto físico.

A todos nos gustaría que nuestra pareja continúe siendo interesante y emocionante para nosotros. Pero cuando se enfrenta a nuestras expectativas de cómo debe ser o actuar, prácticamente nos aseguramos de que no lo siga siendo.

Lo mejor que podemos esperar cuando tenemos una expectativa es que nuestra pareja cumpla con ella. Pero es parte de la naturaleza humana responder ante las expectativas de otra persona con resistencia. A la mayoría de nosotros no nos gusta que nos digan qué hacer. A medida que esa resistencia se acumula, eventualmente asfixiará la espontaneidad y la pasión que hay en la relación.

Cuando no hay expectativas, todo puede ser un obsequio

Considera estos dos escenarios.

Carlota y Alonso han estado saliendo por casi un año. Es viernes por la noche. Carlota tiene la expectativa de que ella y Alonso se verán esta noche, ya que con frecuencia pasan las noches de fin de semana juntos. Cuando Alonso llama para invitarla a salir, ella dice que sí, pero no siente un verdadero entusiasmo con respecto a la cita. "Esta relación parece estar perdiendo la pasión", se dice a sí misma.

Alexa y Gustavo también han estado saliendo por casi un año. Es viernes por la noche, y aunque ella y Gustavo a menudo pasan las noches del fin de semana juntos, Alexa no tiene ninguna expectativa de que hagan lo mismo esta noche. Ella está abierta a cualquier cosa que se presente, incluso si no es su novio. Cuando el teléfono suena y es Gustavo, se siente emocionada de reunirse con él.

Alexa sabe que tener expectativas en su relación no aumentará el amor o la felicidad que ella experimenta. No es que nunca tenga expectativas. Pero ha descubierto que cuantas menos tenga, más unida y viva estará su relación. Así que se empeña en estar alerta y abandonar sus expectativas cuando puede. Gustavo, sin sentir la carga de las expectativas, siente libertad en su relación, y eso es emocionante para él.

Cuantas más creencias tengas acerca de quién debería ser tu pareja y sobre lo que debería hacer, menos la verás realmente y más límites pondrás a su capacidad para sorprenderte. *Cuando no hay expectativas, cada encuentro e interacción que tengan puede ser un obsequio.*

¿Qué regalo puede ofrecerte tu pareja si todo lo que hace es cumplir con tus expectativas?

Reconoce tus expectativas

Los terapeutas a menudo recomiendan que las parejas identifiquen sus expectativas y luego las compartan entre ellos. Se le dice a cada miembro de la relación que pueden mejorar sus oportunidades de alcanzar las expectativas del otro si las comunican con claridad y luego colaboran para adaptar sus actitudes, comportamientos y metas para amoldarse lo mejor posible.

Algunos terapeutas van un paso más allá y sugieren que las parejas evalúen honestamente sus expectativas para ver si son realistas. La clave para una relación exitosa, dicen ellos, es tener expectativas realistas sobre la relación y sobre el otro.

Estas sugerencias pueden estar en la dirección correcta, pero pasan por alto un dato muy importante: *las expectativas son simplemente creencias. Como todas las creencias, las expectativas se pueden cambiar o incluso eliminar.*

Recuerda que toda expectativa que no es resultado de un simple acuerdo mutuo tiene el potencial de generar desilusión, frustración, enojo y resentimiento. Por eso una manera poderosa de experimentar más alegría en tu relación es reconocer tus expectativas y luego reducir su influencia o, idealmente, eliminarlas por completo.

Si piensas que esto demandará concentración y determinación, tienes toda la razón. Pero cuando comprendas que tus expectativas son fundamentalmente elecciones que estás haciendo sobre cómo relacionarte con los demás, el simple hecho de ser consciente de ellas reducirá su impacto. Es poco probable que muchos de nosotros nos deshagamos de todas nuestras expectativas, pero cuanto más las reduzcamos o las eliminemos, más satisfacción experimentaremos en nuestras relaciones.

Acusaciones

Las acusaciones son uno de los signos más obvios de una expectativa. "¿Por qué no trajiste dinero?" "Dijiste que estarías lista a tiempo". Las palabras "nunca" y "siempre" delatan instantáneamente: "Tu nunca reconoces lo que yo aporto". "Siempre quieres hacer lo mismo".

A menudo intentamos disfrazar nuestras acusaciones eligiendo palabras que no suenan acusatorias. Pero el tono de la voz y las palabras que enfatizamos siempre nos delatan. Por ejemplo, imagina cómo un hombre que siente *curiosidad* acerca de qué hizo su novia por la noche haría la siguiente pregunta: "¿Qué hiciste anoche?". Ahora imagina a un hombre que tiene *sospechas* sobre qué hizo su novia

> Cualquier declaración hecha con un tono de voz acusador señala una expectativa subyacente.

por la noche y cómo formularía la misma pregunta.

Si hay algún rastro de acusación detrás de cualquier declaración o pregunta que hagas, tu pareja lo sabrá inmediatamente. Tú también lo sabrás. Si tu pareja sugiere que has lanzado algún tipo de acusación (y especialmente si escuchas que respondes a la defensiva "Todo lo que dije fue que . . ."), revisa tu acción honestamente para ver si fue realmente así.

"Deberías", "tú sabes", "tú recuerdas"

Si hay una palabra que casi siempre es signo de una expectativa, es "deberías". Es difícil utilizar la palabra sin sugerir que se necesita hacer algo diferente para que tú estés satisfecho. A menos que estés orientando a alguien o haciendo una simple recomendación ("Deberías girar a la derecha en el banco para evitar la construcción". "Deberías llevar el paraguas porque probablemente vaya a llover".), utilizar "deberías" con otra persona casi con certeza sugiere que él o ella no está haciendo algo bien.

Las frases "tú sabes" y "tú recuerdas" son igualmente indicadores de una expectativa. Frecuentemente las utilizamos para sugerir que nuestra pareja debería recordar todo lo que le hemos dicho y hemos experimentado juntos. "Tú sabes que no me gusta cenar tan tarde". "Tú estabas allí, lo sabes tan bien como yo". "¿Acaso no recuerdas que mi padre vendrá de visita esa semana?"

Con frecuencia suponemos que nuestras memorias funcionan de la misma manera, pero la verdad es que algunas personas recuerdan fechas y números con facilidad, mientras que para otras es difícil recordar los cumpleaños de sus amigos más cercanos. Algunos recuerdan los eventos con detalle, mientras que otros apenas recuerdan haber asistido.

Melanie se ha estado concentrando en abandonar su creencia de que la memoria de su esposo debería funcionar como la de ella. Dice: "Ahora, cuando escucho que esas palabras salen de mi boca —algo como 'Recuerdas, te lo dije la semana pasada'— me detengo, respiro y comienzo nuevamente".

Además de tener memorias que funcionan diferente, también tenemos maneras distintas de procesar las experiencias. Es poco realista esperar que otras personas respondan al mundo de la misma manera que nosotros, que lo que nos molesta a nosotros les moleste a ellos, y que aquello que es importante para nosotros también lo sea para ellos.

Encasillar a tu pareja en su sitio

Las personas que han estado juntas por algún tiempo podrían un día llegar a decir: "Esto se está volviendo muy predecible. Ya no hay emoción; nos conocemos demasiado bien". Michael Naumer hablaba sobre cómo las relaciones pueden fácilmente estancarse cuando "encasillamos" a nuestra pareja, es decir que las encasillamos en un sitio al formar un conjunto de creencias sobre ellos y pensar que ahora "sabemos" quienes son.

> Ver a una persona verdaderamente significa verla sin ideas preconcebidas.

Desde el principio comenzamos a desarrollar ideas sobre quién es nuestra pareja. El

problema es que *luego hacemos suposiciones sobre cómo será o cómo actuará en el futuro.* Considera estas declaraciones:
- "No puedo lograr que Julián vaya a bailar. Lo he intentado".
- "A Lorena no le gusta hablar sobre los sentimientos".
- "Christian simplemente no está dispuesto a probar nada nuevo".

Las parejas a menudo refuerzan este hábito uno con el otro:
- "¿Por qué pediste esto? Tú sabes que no me gustan los mariscos".
- "No quiero ir a un crucero. Sabes que no me siento cómodo cuando estoy con extraños".

Cuando nuestra pareja hace o dice algo que no es compatible con nuestras suposiciones, a menudo reaccionamos con temor, resistencia o incredulidad: "¿Por qué quieres entrar allí? ¡Ni siquiera te gusta el arte!"

Piensa en las maneras en que podrías estar encasillando a tu pareja. ¿Puedes identificar ideas restrictivas que tengas acerca de cómo él o ella debería actuar o comportarse?

Indicadores emocionales

Observar tus emociones también puede ayudarte a descubrir tus expectativas. Cuando experimentes una emoción separadora —como frustración, desilusión, culpa o enojo— probablemente es señal de que tienes la idea de que el mundo o alguien que forma parte de él debería estar haciendo algo de otra manera.

Si nos sentimos frustrados cuando nuestra pareja no nos pregunta antes de hacer planes para llevar a cabo alguna actividad con sus amigos, o estamos celosos cuando llama a una ex pareja para desearle feliz cumpleaños, podríamos tratar de ver si alguna expectativa está en funcionamiento.

> Cada vez que te sientas resentido o desilusionado, pregúntate: ¿Qué expectativa estoy sosteniendo?

Supongamos que Victoria se molesta cuando descubre que su esposo no puso gasolina en el auto. El hecho de que no se llenara el tanque de gasolina es solamente "lo que es". Lo que realmente le molesta es su expectativa no satisfecha de que su esposo debería haberse acordado de llenarlo.

Es fundamental reconocer que la expectativa de Victoria no cambia la realidad en absoluto: de cualquier manera, el tanque está vacío. No obstante, sí tiene un efecto negativo importante sobre la conexión que ella siente con su esposo.

No actúes de acuerdo a tu expectativa

Una vez que reconoces que tienes una expectativa, tienes la oportunidad de reducir inmediatamente su impacto negativo *simplemente no haciendo nada*.

Cuando estás enojado, tus acciones tienden a ser *re*acciones inconscientes. Hablar con un tono crispado, hacer acusaciones, usar el sarcasmo y alejarte son todas respuestas típicas a las expectativas no cumplidas. Tales reacciones probablemente se encuentren con reacciones contrarias por parte de tu pareja. Piensa en esto: cuando

CONVERTIR LAS EXPECTATIVAS EN INVITACIONES

alguien se acerca a ti con una acusación o te habla con un tono de voz sarcástico, ¿cómo respondes? A menos que seas uno de los pocos iluminados, devolverás el golpe de alguna manera, incluso si solamente es alejándote en silencio.

Si es posible, *resiste la tentación de dejar que tu expectativa dirija tus palabras o tus acciones*. Sólo se requiere de un pequeño comentario para desencadenar un intercambio de afirmaciones defensivas o acusatorias que rápidamente pueden salirse de control.

Sé consciente de que alejarte no es lo mismo que no hacer nada. Cuando nos alejamos, deliberadamente nos salimos de ese espacio emocional compartido y nos negamos a volver a entrar. Cuando no hacemos nada, seguimos estando abiertos a reconectarnos con nuestra pareja.

Entrenarte para no actuar cuando estás bajo la influencia de una expectativa es desafiante. La mayoría de nosotros hemos pasado la vida tratando de controlar a las personas y las situaciones a través de nuestras expectativas. Al principio es posible que ni siquiera reconozcas que estás actuando de acuerdo a una expectativa hasta mucho después de que haya pasado el momento. Con la práctica, el tiempo que transcurre entre la aparición de una expectativa y el momento en que reconoces que tiene control sobre ti disminuirá. Un día te encontrarás mirando cómo emergen las expectativas antes de que tengan la oportunidad de influir sobre lo que haces o dices.

Pierdes la posibilidad de conectarte con tu pareja cuando estás bajo la influencia de una expectativa.

Evalúa tu expectativa

Una vez que hayas generado un poco de espacio entre tú y tu expectativa, considera cómo te funcionó en el pasado. ¿Te hizo sentir más conectado y mejoró tu relación? ¿O ha causado desacuerdos y discusiones y te hizo sentir ansioso, decepcionado o desilusionado? *¿Cuánta satisfacción te brindó en realidad?*

David reconoció que tenía la expectativa de que su novia no debería interrumpirlo. Al principio su mente trató de justificar su creencia: "Las personas no deberían interrumpir. Es desconsiderado". Una vez que pudo mirar más allá de estas justificaciones y evaluar honestamente cómo había funcionado esa expectativa para él, vio que solamente lo había hecho sentir frustrado y enojado. Además, cuando le expresaba su creencia a su novia, comenzaba una discusión que hacía que ambos sintieran que no eran escuchados, estaban a la defensiva y resentidos.

> **Se necesita valentía para ser honesto contigo mismo sobre cómo la expectativas han influenciado tu comportamiento.**

Renata había actuado por años bajo esta expectativa: "Roberto no debería sentirse atraído hacia otras mujeres". Cuando miró con honestidad cómo había funcionado esta creencia en su relación, vio que casi siempre se sentía incómoda y recelosa cuando había una mujer atractiva cerca.

"Algunas veces he cuestionado a Roberto sobre sus acciones e intenciones, lo cual lo pone a la defensiva", admite. "Incluso han habido veces en que he manipulado las cosas para mantenerlo alejado de ciertas mujeres".

Renata reconoció que sus intentos por controlar a Roberto siempre la dejaban sintiéndose avergonzada e insegura.

Una vez que hayas analizado lo que una expectativa te causó, considera esta pregunta: *si continúas teniendo esta expectativa, ¿qué posibilidades hay de que te brinde satisfacción en el futuro?*

Descubre el deseo detrás de tu expectativa

Una vez que hayas identificado la expectativa y hayas comprendido que es poco probable obtener lo que deseas, estarás listo para intentar con un enfoque mucho más efectivo. El secreto de este enfoque está en saber que debajo de cada expectativa (a veces muy por debajo) hay un deseo natural y auténtico de conectarte con quien amas. *Partir de este deseo auténtico es una oportunidad para experimentar una verdadera unión en tu relación.*

Al principio es posible que cuestiones la idea de que hay un deseo auténtico detrás de cada expectativa. Pero considera que, en el fondo, las relaciones existen debido a nuestras ansias naturales de tener contacto humano. Una vez que hemos experimentado el sentimiento de una verdadera conexión con otra persona, la mayoría de nosotros comienza a temer perderlo. Luego desarrollamos expectativas para tratar de "mantener todo en su lugar".

Debes arrancarte las expectativas y mirar debajo de la superficie para descubrir el deseo auténtico que está allí. Pregúntate, *¿Qué estoy tratando de obtener con esta expectativa? ¿Qué estoy buscando realmente?* Luego intenta captar tu deseo auténtico en una declaración concisa.

Si notas que estás insistiendo, "Mi deseo auténtico es que mi novia me preste toda su atención cuando hablo" o "Lo que realmente quiero es que mi pareja no se sienta atraído hacia nadie más", no has ido lo suficientemente profundo. *Si tu declaración busca manipular o controlar a tu pareja de alguna manera, aún estás en presencia de una expectativa.*

Puede requerir de una considerable investigación descubrir tu deseo auténtico. Cuando Renata analizó su expectativa de "Roberto no debería sentirse atraído hacia otras mujeres", al principio su mente solo produjo variaciones de lo mismo: "Roberto debería sentirse atraído sólo hacia mí". "Sólo debemos estar atraídos uno hacia el otro". También notó que justificaba su creencia: "Roberto y yo nos prometimos ser monógamos. Eso significa que sólo debemos mostrar interés uno hacia el otro. Todos deberían estar de acuerdo con eso".

Nota que cada una de estas afirmaciones sigue siendo un intento sutil de ejercer el control. *Un deseo auténtico nunca busca restringir, inhibir o dominar a la otra persona de ninguna manera. Un deseo auténtico no posee ninguna cualidad de "deber".*

Cuando Renata finalmente pudo expresar su deseo libre de manipulación y control, lucía así: "Lo que realmente quiero, muy dentro de mí, es sentirme sexualmente conectada con Roberto todo el tiempo".

De la misma manera, David, que se sentía frustrado cuando su novia lo interrumpía, expresó su deseo auténtico como: "Quiero sentirme verdaderamente conectado cuando nos comunicamos".

Como todo deseo auténtico, ambas declaraciones no dicen nada acerca de lo que otra persona debe o no hacer. No intentan alterar o restringir el comportamiento de otra persona de ninguna manera. Son expresiones de amor en lugar de temor. Cuando tu declaración cumpla con estos criterios, habrás encontrado tu deseo auténtico.

Expresa tu deseo como una invitación

Lo hermoso de descubrir tu deseo auténtico es que *puedes convertir cualquier deseo en una invitación*. Y una invitación simple y sentida puede abrirle la puerta a una experiencia verdaderamente gratificante.

María, arquitecta paisajista, reconoció que se había relacionado con su esposo a través de esta expectativa: "Justino debería querer ir a bailar conmigo porque yo lo disfruto mucho". Por años ella se quejó porque Justino no la acompañaba, lo cual hizo que a él le interesara aún menos.

Cuando María analizó su expectativa, eventualmente llegó a reconocer este deseo auténtico: "Me gustaría compartir mi pasión por el baile con el hombre que amo". Nota que esta declaración expresa un deseo de conexión con Justino y no busca controlarlo de ninguna manera.

Partiendo desde su deseo auténtico, María ahora podía *invitar* a su esposo a experimentar su amor por la danza con ella, aunque él nunca pise la pista de baile. Ella podría decirle: "Sé que nunca te interesó demasiado el baile, pero me encantaría llevarte a una disco igualmente. Podríamos pasar tiempo juntos y ver a la gente bailar, y yo podría contarte lo que me gusta de eso".

Ten en cuenta que si le ofreces a tu pareja una invitación, ella o él puede mostrarse reacio o negarse. Si su negativa te molesta, es una señal de que aún mantienes alguna expectativa con respecto a esto. Recuerda que *una verdadera invitación no implica obligación*. La persona a la que estás invitando tiene la libertad aceptar o rechazar la invitación, sin presiones, críticas o repercusiones.

> Una expectativa sólo se puede cumplir de una manera. Un deseo auténtico puede satisfacerse de tantas maneras como puedas soñarlo.

Miremos nuevamente a Renata, quien identificó su deseo auténtico como: "Lo que realmente quiero es sentirme sexualmente conectada con Roberto todo el tiempo". La próxima vez que salgan, ella podría tener el coraje de susurrarle: "Me encantaría saber qué cosas te parecen atractivas, ¿te gustaría mostrármelas?"

Para tener éxito con esto, Renata tiene que acercarse a Roberto de una manera diferente a como lo hizo en el pasado. Es imperativo que ella cree un espacio seguro en el que él pueda expresar honestamente cualquier pensamiento o sentimiento que tenga. También es fundamental que ella parta del amor y la aceptación en lugar del temor. Esto puede ser desafiante, especialmente si ella ha actuado por años bajo la expectativa de que Roberto no debería mirar a otras mujeres en primer lugar.

Para actuar desde el amor, mantente enfocado en tu deseo auténtico. Si Renata quiere experimentar una conexión especial y sexy con Roberto, tiene que darle a él la libertad de sentirse una persona sexy, incluso si eso significa que su atención se dirija ocasionalmente hacia otra persona

CONVERTIR LAS EXPECTATIVAS EN INVITACIONES

que no sea ella. Recuerda, *es vital que presentes tus invitaciones de manera amorosa y tolerante, y que estés abierto a cualquiera que sea la respuesta de tu pareja.* No se trata de manipular a los demás para que hagan cosas que no quieren hacer. Se trata de invitarlos a que miren nuevamente y vean algo que no vieron antes.

David, que identifica su deseo auténtico como "Quiero sentirme verdaderamente conectado cuando nos comunicamos", podría buscar talleres que exploren maneras para que las parejas se comuniquen de forma más amorosa. Luego podría decirle a su novia, "Sabes que me frustraba cuando pensaba que me estabas interrumpiendo. Bueno, ya no quiero hacer eso. Así que me preguntaba si te interesaría asistir a este taller conmigo". Con esta invitación, David no está echándole la culpa a su novia. Si ella no está interesada, él puede ir al taller solo. Incluso si una sola persona realiza un cambio positivo en cómo se comunica, es probable que toda la dinámica de la pareja cambie para mejor.

¿Te imaginas si en lugar de enojarte con tu esposo por olvidar su aniversario, simplemente lo invitaras a celebrarlo contigo? ¿O si cuando le dijiste que te encantan las rosas y no te compró un ramo, tú compraras algunas y lo invitaras a disfrutarlas contigo?

> ¡Que satisfagan tus expectativas no es tan divertido como que acepten tus invitaciones!

Se necesita valentía y buena disposición para acercarte a tu pareja de una manera nueva, especialmente si has estado actuando según las expectativas durante mucho tiempo. Ten la seguridad de que a medida que practiques descubrir los deseos auténticos detrás de tus expectativas y convertir esos deseos en invitaciones, el proceso se tornará más sencillo. Mientras que una invitación no es garantía de la participación de tu pareja, estarás haciendo un cambio positivo en cómo abordas la relación.

Por supuesto, es probable que tu pareja tenga tantas expectativas acerca de ti como tú las tienes en relación con ella. Pero podemos ser un ejemplo poderoso. A medida que reducimos o eliminamos nuestras expectativas, nuestra pareja sentirá que disminuye la energía del "deberías" que dirigimos hacia ella. Y lo que es más importante, definitivamente notarán que nos volvemos más felices, ¡y pueden sentir mucha curiosidad por saber qué hemos estado haciendo!

Cuando aprendas a relacionarte a través de la invitación en lugar de la expectativa, recibirás muchos más "sí" de tu pareja. A su vez, podrás identificar y tratar las nuevas expectativas a medida que surjan. Si continúas liberándote de las expectativas, tu relación será recompensada con más del destello y la excitación que abundaban al principio.

9

Transformar la energía de los celos

*La energía de los celos puede ser nuestro más grande recurso
no explotado para infundir pasión y emoción a nuestra relación.
Cuando aprendes cómo abordar y canalizar esa energía
a través del amor en lugar del temor, los celos tienen
el potencial de contribuir a tu relación
de una manera que quizá jamás imaginaste.*

Los celos. La sola idea hace que muchas personas se retuerzan. No nos gusta admitir que tenemos celos, no disfrutamos de cómo nos sentimos ni de cómo actuamos cuando estamos celosos, y la mayoría de nosotros no tiene maneras efectivas de manejarlos. Los celos pueden dominarnos en un instante y hacernos sentir avergonzados, enojados y fuera de control. Podemos vernos consumidos por el miedo, imaginando lo peor, ensayando lo que diremos o incluso planificando nuestra venganza.

Los celos pueden surgir en cualquier relación, incluyendo en amistades platónicas y entre miembros de la familia; pero no todos tienen este problema. Algunas personas han tenido relativamente poca experiencia con ellos, mientras que otras luchan con los celos constantemente. Hay quienes se sienten incómodos cuando su pareja muestra interés en alguien más, incluso si es solamente alguien en una película o revista. Luego están aquéllos para quienes los celos son algo mucho menos frecuente. Aparecen sólo cuando descubren que su pareja ha mantenido en secreto detalles sobre una amistad en particular o en realidad está viendo a alguien más. En la mayoría de las relaciones donde los celos son un problema, una persona resulta considerablemente más afectada por ellos que la otra, haciendo que la situación se sienta desequilibrada.

A veces las señales de los celos son obvias. Alejandro recuerda que era muy celoso en la universidad. Cuando veía a su novia conversando con otro hombre, la presionaba más tarde para que le diera detalles: "¿De qué estaban hablando los dos? ¿Él vive cerca de aquí? ¿Dónde trabaja?" Zoe, que tiene unos veinte años, dice que cuando nota que su novio mira a otra mujer, le da un golpecito amistoso en el brazo y le dice: "Oye, ¡yo estoy aquí!"

Otras personas son más indirectas. "Si Marco mira a otra mujer", dice Maricela, "me quedo en silencio e intento hacerle saber que no estoy conforme con su comportamiento".

Muchas personas dicen que un poco de celos es bueno, ya que son un indicio del deseo que nuestra pareja tiene hacia nosotros y nos demuestra que le importamos. Algunos creen que los celos son útiles para evitar que la otra persona se aleje. Pero en lugar de crear un entorno amoroso en el cual la relación puede realmente prosperar, las maneras en que típicamente manejamos los celos desalientan, e incluso pueden llegar a impedir, una conexión verdadera.

Las ideas contenidas en este capítulo pueden parecer radicales, ya que son muy diferentes a cómo la mayoría de las personas encaran los celos. Pero si tú o tu pareja sufren de esta poderosa emoción, estas ideas podrían colaborar para transformar tu experiencia de los celos de una de *desconexión* a una de *conexión ampliada*.

Es importante reconocer que la gran mayoría de las situaciones donde los celos son un factor implican sólo una amenaza percibida, no una de verdad. La mayoría de las personas que tienen una relación monógama no *quieren* tener aventuras. Lo que sí quieren es una experiencia cercana, emocionante, unida con otro ser humano (¡contigo, si es posible!). No obstante, si resulta que estás en una situación en la que tu pareja realmente tiene una relación íntima con otra persona, asegúrate de leer la sección "¿Qué pasa si la amenaza es verdadera?" más adelante en este capítulo. Si tu relación es potencialmente violenta o abusiva debido a los celos o a cualquier otro tema, es vital que te cuides a ti mismo buscando apoyo tan pronto como sea posible. Siempre hay familiares, amigos, consejeros, centros de manejo de crisis o líneas telefónicas de ayuda que te asistirán para que adquieras una perspectiva de tu situación y decidas qué medidas tomar.

Por qué aparecen los celos

Puede que te sorprendas, pero no experimentamos celos porque nuestra pareja piensa que alguien más es interesante o atractivo. *Sentimos celos por lo que nos decimos a nosotros mismos acerca de que nuestra pareja piense que alguien más es interesante o atractivo*. Si nunca o casi nunca has sentido celos, esto significa que no te torturas a ti mismo con el tipo de pensamientos que producen esta emoción.

Los celos a menudo son una respuesta al temor de que nuestra pareja sea sexualmente activa fuera de nuestra relación: "Probablemente él piensa que ella es más joven y más hermosa que yo. ¿A ella le interesa él?" También nos causa sentimientos de celos preocuparnos de que nuestra pareja desarrolle un vínculo emocional con otra persona: "Ella no debería pasar tanto tiempo hablando con él. Debería estar aquí conmigo".

Las comparaciones, y los pensamientos de insuficiencia o inferioridad, podrían generar sentimientos repentinos de celos: "Ella es más talentosa y más divertida que yo". "Yo sé que no la satisfago". "Él está más interesado en ella porque ella está en muy buena forma". Es posible que creamos que si nuestra pareja presta atención a otra persona, significa que no somos los más especiales a sus ojos.

Los temores de que nuestra pareja pueda perder interés en nosotros o traicionarnos también pueden provocar un ataque del "monstruo verde": "Si él llega a conocerla, deseará no tener una relación seria conmigo". "Es casi seguro que ella conocerá a alguien más exitoso y seguro si va a ese seminario motivacional".

El pensamiento de "Él cree que ella es más hermosa que yo" puede convertir una noche romántica en una deprimente.

Como puedes recordar del capítulo 1, nuestras mentes irán obedientemente a buscar evidencias para apoyar nuestras creencias.

Alimentados por los celos, generalmente podremos encontrar una gran cantidad de pruebas. En este círculo vicioso, cuanta más evidencia reunamos, más real creemos que es esa amenaza.

La sociedad justifica y refuerza nuestras reacciones de celos. Mucho antes de experimentar siquiera nuestro primer enamoramiento, hemos aprendido de la familia, los amigos y los medios que si nuestro novio o novia muestra interés en otra persona, tenemos todo el derecho a estar celosos. Nos llega el mensaje claro y a viva voz de que simplemente *vamos* a experimentar los celos si la persona con quien estamos mira a alguien más con cariño o deseo. Una vez que tenemos la edad suficiente para tener citas, sería sorprendente si *no* reaccionáramos con celos en circunstancias como ésas.

Si estás luchando contra los celos o si tu pareja experimenta estos sentimientos, debes saber que son bastante normales. Algunos expertos piensan que incluso podrían ser un instinto evolutivo. Al tratar de asegurarse de que su hombre (quien provee de carne a su familia) no se descarriara por la atractiva hembra de la cueva de al lado, una mujer podría ayudar a garantizar la supervivencia de sus hijos. De la misma manera, un hombre no querría que la carne que él consiguió sirva para alimentar genes que no son los suyos.

Evolutivo o no, *hemos sido condicionados para pensar que el amor y el afecto son limitados*. Incluso si la atención de nuestra pareja se dirige momentáneamente hacia otra persona, muchos lo interpretamos como una pérdida de interés en nosotros. Noemí lo explica de manera muy simple: "Si mi novio le presta atención a otra mujer, habrá menos amor para mí". Podría ser una sorpresa para Noemí descubrir que si su novio no siente que tiene que darle a ella toda su atención cuando salen juntos, la atención que sí le da será mucho más auténtica y sincera.

Por qué las acciones basadas en los celos no nos unirán más

Los celos en sí mismos no son el problema. Son nuestras formas típicas de *abordarlos* lo que puede limitar la capacidad de una pareja de sentirse cerca y unida. Cualquier acción que realicemos en base a los celos seguramente no nos traerá el amor y la seguridad que buscamos. No reducirá la atracción natural de nuestra pareja hacia otras personas, y tampoco aumentará su deseo hacia nosotros.

Controlar el comportamiento de nuestra pareja

La mayoría de nosotros, a menudo de forma inconsciente, iniciamos una relación con una lista mental de cosas a las que nuestra pareja se compromete una vez que acordamos tener una relación de exclusividad. Una expectativa común es que nuestra pareja sólo debe sentirse atraída hacia nosotros. Aunque los acuerdos relacionados con esta creencia varían (y con frecuencia son implícitos), generalmente son parecidos a esto: no prestaremos demasiada atención a otras personas cuando salimos juntos, no abrazaremos a otros ni mantendremos contacto visual por un largo tiempo, no tendremos amigos íntimos de un género en particular, y no enviaremos mensajes de texto, correos electrónicos ni llamaremos a personas que podrían ser vistas como una amenaza.

Cuando estamos verdaderamente enamorados de una persona, la atracción que sentimos hacia otras personas en verdad disminuye significativamente. Y es cierto que algunas personas sólo tienen ojos para sus parejas. Pero la mayoría de nosotros no deja repentinamente de sentir atracción hacia otras personas en el momento en que nos comprometemos a tener una relación monógama.

Si descubrimos que nuestra pareja no satisface nuestras ideas sobre cómo debería comportarse, es posible que intentemos dominar su atracción natural hacia otras personas. Podríamos dejarles saber de manera indirecta que no estamos conformes con su comportamiento: "De verdad te gusta la mesera de este lugar, ¿no es así?" O podríamos acusarlos directamente de no comprometerse con la relación. Podemos mostrarles lo dolidos o decepcionados que nos sentimos si compran una revista subida de tono o miran material erótico en Internet. O es posible que hagamos comentarios como el que escuchó Virginia por parte de su esposo una tarde: "¿Te pusiste el lápiz labial antes o después de encontrarte con el agente de bienes raíces?"

> La creencia de que nuestra pareja sólo debe sentirse atraída hacia nosotros reduce nuestras oportunidades de tener una relación verdaderamente conectada.

Al pensar que la única manera de calmar nuestros celos es tomando el control de la situación, es posible que intentemos establecer reglas acerca de lo que nuestra pareja debería o no hacer: "Preferiría que no saludaras con un beso a tus amigas mujeres". "Pienso que deberías vestirte más conservadora cuando sales con tus amigas". "No deberías dejar que tus amigos varones te traigan a casa".

Si nuestra pareja acepta pedidos como éstos, puede que tengamos un alivio temporal de estos sentimientos. Pero ese cumplimiento no aborda la causa real de nuestros celos. Mientras que intentamos dominar a nuestra pareja controlando su comportamiento y haciéndola sentirse culpable de sus atracciones naturales, él o ella puede sentir que lentamente ajustamos una soga alrededor de su cuello. Es fácil entender por qué se puede acumular rápidamente el resentimiento.

> Si mantienes a tu pareja en cautiverio, siempre se preguntará qué hay fuera de la jaula.

Muchas personas responden a las restricciones que se les imponen alejándose de su pareja, que es lo opuesto de lo que en verdad queremos. Como dice Justino: "No miras a otras mujeres mientras que tu esposa te está mirando a *ti*, así que realmente no puedes ser tú mismo cuando estás con ella".

Cristóbal está de acuerdo. "La respuesta típica de un hombre ante los celos de su novia es ocultarse. Seguimos mirando, pero siempre nos preocupa que nos atrapen en el acto. Así que tratamos de asegurarnos de que no note que estamos haciendo algo que 'se supone' que no debemos hacer".

Interrogación y ataque

Cuando dejamos que los celos controlen nuestro comportamiento, es posible que terminemos interrogando o atacando a nuestra pareja. Nuestra necesidad de reconfirmación puede conducirnos a cuestionar sus pensamientos, intenciones o acciones.

Ricardo, abogado, dice que cuando tiene miedo de que su novia se fije en otra persona, hace comentarios como: "No me prestaste mucha atención en la fiesta. Me enoja que hayas pasado tanto tiempo hablando con Emiliano". Ricardo está haciendo un esfuerzo por expresar sus sentimientos, lo cual es un paso positivo. Pero nota cómo él aún está responsabilizando a su novia por sus sentimientos.

Algunas acusaciones son más directas: "¿A dónde fuiste después del trabajo? ¿A quién viste allí? ¿Te sientes atraído hacia ella?" Este tipo de preguntas pondrán nuestra pareja a la defensiva inmediatamente. Es posible que comiencen a preocuparse de si recuerdan bien su historia, ¡incluso cuando no tienen una historia! Puede que se pongan nerviosos o tomen precauciones respecto de cuánta información revelar. Entonces podríamos interpretar sus reacciones como señales de que nuestras sospechas tienen fundamentos.

Diego, un carpintero, lo dice de esta manera: "Cuando mi esposa comienza a interrogarme acerca de dónde estuve y a quién vi, instantáneamente me pregunto si hay algo que no estaría bien decirle. Siempre siento que estoy tan solo a un paso de ofrecer una respuesta equivocada".

Evitar desencadenar una situación

Algunas personas intentan alejar a su pareja de situaciones que podrían despertar sus propios celos. Es posible que intenten evitar ir a fiestas o discos, o ver películas con un tema sensual.

Mía, estilista, cambia frecuentemente sus planes por esta misma razón. Cuando ella y su novio están invitados a un evento en el que ella piensa que podría haber competencia por la atención de él, ella —en sus propias palabras— "muestra desinterés y tratará de convencerlo para hacer otra cosa". También trata de asegurarse de que él no vaya a reuniones sociales sin ella. Una vez ella aceptó una invitación para ir a ver una película con una amiga. Cuando supo que la empresa de su novio estaba organizando una reunión informal esa misma noche, canceló sus planes para que él no tuviera la oportunidad de socializar con las mujeres de su oficina. Mía se avergüenza de estas actitudes manipuladoras, y éstas probablemente dejan a su novio sintiéndose desconcertado.

Lauri, bailarina de salón, dice que los celos en la pista de baile son comunes "porque estás constantemente en los brazos de otros hombres y mujeres. Vas pensando que pasarás un buen momento y entonces aparece el monstruo verde para arruinarte la noche". Debido a esto, dice ella, "Las parejas a menudo abandonan el mundo del baile".

Si siempre estás tratando de evadir situaciones que podrían resultar incómodas, no lograrás mantener una unión fuerte e íntima con tu pareja. Además te perderás las oportunidades de abordar los celos de ciertas maneras que en realidad *fortalecerán* la unión entre los dos.

Negación o alejamiento

Algunos tratamos de negar o disimular nuestros celos. Amanda, una estudiante graduada, dice: "Por fuera, simulo que no me molesta. Estoy segura de que Jaime no sabe cuánto me lastiman las amistades íntimas que tiene con otras mujeres. Y sé que son sólo amigos, así que mis sentimientos ni siquiera tienen sentido. Preferiría que él no supiera nada acerca de esto".

Estela, contadora, siente que si fuese más madura, no debería molestarle casi nada de lo que quisiera hacer su pareja, Jennifer. Entonces cuando aparecen los celos, Estela silencia su malestar tratando de evitar que su estado de ánimo afecte a su pareja. Jennifer, que siente la distancia entre ellas, no sabe qué sucede o cómo volver a conectarse con Estela.

Cuando nos alejamos de nuestra pareja con la creencia de que estamos dándole espacio para que sea ella misma, la libertad que ofrecemos es falsa, y se paga con el precio de nuestra unión. Reconocer y aceptar nuestros celos es el primer paso en el camino hacia una *verdadera* liberación de los celos. Esto incluye reconocer y abandonar la ira o la vergüenza que hemos acumulado a partir de los celos que experimentamos en el pasado. Si has estado negando o ignorando estas emociones dentro de ti, vuelve a la sección "Veo en mi interior" en el capítulo 3 para recordar cómo liberarlas.

La seducción de la fruta prohibida

Tener a tu pareja atada a una soga no sólo genera resentimiento. Cuanto más control intentes ejercer, más posibilidades hay de que tu pareja se sienta atraída hacia cosas que no te involucren. Braulio experimentó esto con su primera esposa. "Cuando salíamos, se suponía que yo no podía conversar con la mesera —mucho menos tener contacto visual— más de lo necesario para pedir la cena. ¡Pero soy un hombre amigable! Es cierto, puede que ella sea atractiva, pero también lo hago porque me gusta hablar con las personas. Mi esposa me miraba mal cuando pensaba que ya había hablado demasiado con la mesera. Después de un tiempo, era más fácil salir a cenar sin ella".

> Cuando sentimos que vivimos la vida con restricciones, rápidamente comenzamos a tener resentimiento hacia quien pone las reglas.

También es posible que si declaras que las cosas que atraen naturalmente a tu pareja están fuera de los límites, su deseo en realidad se intensificará. Es parte de la naturaleza humana desear aquello que nos dicen que no podemos tener. Como explica Marcelo: "Cuando las mujeres cuestionan al hombre e intentan controlar todos sus movimientos, hay mayores probabilidades de que su atención se vaya hacia otra parte".

Brigitte, estudiante universitaria, está de acuerdo con esto: "Si un chico me cela sin ninguna razón, me empuja en esa dirección, porque ya me ha calificado como una chica mala".

Si intentar evitar que tu pareja se sienta atraída hacia otras personas no fortalece la conexión entre ustedes ¿qué cosa puede lograr esto? Lo creas o no, lo que *sí* te ayudará es aceptar que es natural sentir atracción hacia otras personas, incluso cuando estás en una relación seria. Si restringes a tu pareja, la necesidad de experimentar esas atracciones continuará acumulándose, y de alguna manera eso ocurrirá lejos de ti. Imagina lo que podría suceder si el objeto de atracción de tu pareja acepta gustosamente su atención mientras que tú te diriges a él o ella con sospechas o enojo. *Si tú creas un espacio receptivo y amoroso que se expande para incluir los sentimientos naturales de atracción de ambos como parte de la relación, el deseo de actuar en base a ellos disminuirá o incluso desaparecerá.*

Pregúntale a Teodoro, que trabaja en una vinoteca popular. "Yo hablo e incluso coqueteo con todo tipo de mujeres todos los días. ¡Es una de las razones por las que mi parte del bar siempre está llena! A todas mis novias anteriores les molestaba esto. Puedo afirmar que cuando mi atracción hacia otra persona es tabú, pienso en ella todo el tiempo. Mi novia actual se siente cómoda con el hecho de que soy un hombre que coquetea, así que casi nunca pienso en otras mujeres. ¡Todos mis amigos opinan que ella es súper genial!"

Vanesa, contadora, siente lo mismo. "Como mi novio no tiene problemas con mi naturaleza seductora, no tengo deseos de salir y estar con otra persona".

Es comprensible si este enfoque de una relación seria te pone nervioso. Si has estado en una relación donde sentirte atraído hacia otras personas está fuera de los límites, puede ser difícil imaginar de qué están hablando Teodoro y Vanesa. Considerar estar en una relación donde no se aplican los controles habituales puede causar miedo. Pero esos controles, y la predictibilidad que generan, pueden sin querer llevar a la autocomplacencia, al aburrimiento, al resentimiento o incluso a una aventura. Si experimentas conscientemente relajar esos controles, es posible en realidad *aumentar* la pasión y la conexión en una relación seria y amorosa.

Es importante tener claro el tipo de coqueteo al que se refieren Teodoro y Vanesa. No se trata de relacionarte con otra persona como un intento de

> Si tú y tu pareja experimentan con un poco de coqueteo sano, siempre tengan en cuenta el *espíritu* con el cuál coquetean.

iniciar una relación romántica o sexual con ella. No tiene que ver con coquetear con la intención de "vengarte" de tu pareja por algo que sientes que él o ella hizo. Es un coqueteo inocente: es interactuar de una manera sana y alegre con el único fin de sentirte atractivo y atraído. En lugar de coquetear para intentar sustituir la *falta* de conexión que sientes con tu pareja, estás coqueteando con un espíritu de *completa* conexión con él o ella.

Qué hacer cuando aparecen los celos

El dolor de los celos puede consumirlo todo. Cuando sentimos este dolor, lo único que queremos es un alivio inmediato. Sin embargo, el verdadero alivio no proviene de intentar controlar lo que sucede *allí afuera*. En lugar de eso, la respuesta está en transformar lo que ocurre *aquí adentro*, en nuestra propia experiencia.

Michael Naumer decía a menudo: "No pongas la responsabilidad de tu experiencia emocional en tu pareja". La sabiduría de estas palabras es clara cuando analizamos la emoción de los celos. Cuando estamos en medio de una reacción de celos, la mayoría de nosotros tiende a culpar a nuestra pareja. De una manera u otra, comunicamos este mensaje: "Tienes que dejar de hacer lo que haces porque me lastimas con ello".

El primer paso para liberarnos del dolor de esta emoción es recordar que los celos son normales y que debemos tratarnos con compasión.

"Al darme a mí misma el permiso para sentir lo que siento", explica

Lauri, "me siento instantáneamente relajada con respecto a este tema. Los celos ya no tienen el control".

El segundo paso es hacernos responsables de nuestros celos. Esto se logra reconociendo que *nuestras creencias y los pensamientos que éstas generan —no el comportamiento de nuestra pareja— son la causa de nuestra experiencia.* Por supuesto que asumir esta responsabilidad puede ser difícil. Es parte de la naturaleza humana suponer que la persona hacia la cual experimentamos celos es quien puede ponerle fácilmente un punto final. Pero cuando decidimos hacernos responsables de nuestros propios sentimientos, conseguimos la fortaleza personal que necesitamos para crear una experiencia positiva para nosotros mismos. Ya no tenemos que esperar y desear que alguien más lo haga por nosotros.

Si estás acostumbrado a manipular a las personas y situaciones para tratar de calmar tus celos, ten la seguridad de que realmente es posible entrenarte para no dejar que esos poderosos sentimientos dirijan tus palabras o tus acciones. Recuerda, ningún control que puedas ejercer sobre tu pareja los unirá más. Lo único seguro es que generará frustración y resentimiento.

Tomar los pasos necesarios para disminuir tus celos no significa que vayas a darles permiso a otras personas para que se aprovechen de ti. Por el contrario, *la razón número uno para reducir tus celos es crear una mejor experiencia para ti mismo.*

Además de no permitir que tus sentimientos dicten tu comportamiento, esfuérzate por no continuar alimentando

> Cuando sientas celos, no lo hagas más grave siendo severo contigo mismo. ¡Muestra un poco de compasión!

una reacción de celos con tus pensamientos. El pensamiento obsesivo es improductivo y solo aumentará tu malestar. Asimismo, intenta no juzgarte o criticarte ("No debería reaccionar de esta manera; no quiero ser así"). Reconoce y acepta lo que estás experimentando. Esto requiere de práctica. Pero si te mantienes así y no alimentas tu reacción con más pensamientos negativos, tus sentimientos de celos eventualmente comenzarán a reducirse. En ese momento, podrás revisar los pensamientos que los generaron.

Distinguir la envidia de los celos

Cuando experimentas una reacción por celos, puede ser útil determinar si parte de esa reacción es en realidad envidia.

- La envidia es el deseo de tener algo que tiene otra persona.
- Los celos son el temor de perder algo que tú tienes (o crees que tienes).

Si descubres que parte de tu reacción está basada en la envidia, puedes usarla como una fuente de inspiración para atraer lo que deseas hacia tu vida.

Melisa, diseñadora de indumentaria, dice: "Si conozco a alguien que tiene una casa hermosa, pienso: "¡Vaya! Eso significa que yo también puedo tener una, ya que alguien que conozco tiene una casa así'. De esta manera canalizo mis sentimientos en algo constructivo y positivo".

¿Cómo puede funcionar esto en una relación? Durante años, Noé se enojaba con frecuencia cuando su esposa salía a bailar con sus amigas. Su esposa se sentía frustrada con su reacción hacia algo que ella consideraba inofensivo. Cuando Noé finalmente examinó lo que estaba detrás de su reacción, llegó a la conclusión de que no era el temor de perder la atención o el amor de su esposa, sino el deseo de tener una experiencia similar él mismo. Se dio cuenta de que extrañaba juntarse con sus amigos como lo hacía cuando estaba soltero.

> La envidia puede inspirarte para que avances en la dirección a conseguir algo que deseas.

"Me siento mucho más feliz ahora que de vez en cuando hago tiempo para ver una película o jugar al pool con un amigo. Me siento cómodo con que Lidia salga también, porque veo lo que ella obtiene cuando lo hace".

Con la bendición de Noé para disfrutar de sus salidas nocturnas, Lidia dice que también se siente más feliz.

Transforma tus creencias que generan celos

Una vez que hayas encontrado la inspiración en la parte de tu reacción que corresponde a la envidia, si es que la hay, puedes volver a la parte de los celos. Identifica las creencias que están causando estos sentimientos, y luego encuentra creencias de reemplazo para ellas. Si no has estado practicando esta técnica, puedes volver a revisar el capítulo 1.

Recuerda la conexión entre lo que piensas ("Él ha prestado atención a esa mujer que está allí; ahora me prestará menos atención") y cómo te sientes posteriormente (ansiosa, poco deseable o incluso enojada). Luego haz un esfuerzo por identificar los pensamientos específicos responsables de tu reacción. Estos pensamientos están tan ocultos que puede ser difícil señalarlos detalladamente. Pero si surge la emoción, es seguro que los pensamientos están allí en alguna parte.

Una vez que hayas hecho una lista de los pensamientos que están detrás de tu reacción, expresa con palabras la creencia que los produce. Como los celos a menudo llegan hasta el centro mismo de nuestros problemas de autoestima, es muy posible que sea una creencia fundamental como: "No soy capaz de ser amada", "no soy atractiva" o "No hay suficiente amor para mí".

Cuando tengas una afirmación clara de tu creencia, genera una creencia de reemplazo con la que puedas contar la próxima vez que estés en una situación similar. Puede ser algo como: "Ángel me muestra cuánto me ama de muchas maneras" o "Me siento atractiva porque cuido de mí misma". Recuerda tu nueva creencia con suficiente frecuencia para que esté disponible cuando la necesites.

Lana tiene años de experiencia con los celos. "Solía pasar que cada vez que salía con mi esposo y había una mujer bonita cerca", dice ella, "me paralizaba por completo".

Cuando decidió investigar su reacción, Lana se dio cuenta de que parte de ello se basaba realmente en la envidia. "En el momento en que entraba en un lugar, analizaba a todas las mujeres que había allí e identificaba todo lo que yo sentía que me ponía en desventaja: ella es más joven, ella es más atlética, ella es más talentosa, su ropa es más sexy".

Ahora Lana ha aprendido a canalizar ese tipo de comparaciones en inspiraciones. "Ahora cuando tengo esos pensamientos, pienso: 'Me gustaría intentar eso en mi cabello' o 'Mira en qué buena forma está ella; voy a anotarme a la clase de bicicleta' o 'Me pregunto cómo me vería yo con ese vestido, creo que le preguntaré donde lo compró'".

Una vez que había aislado la parte de envidia de su reacción, Lana examinó los otros pensamientos contraproducentes que tiene en estas situaciones, como "No soy tan intelectual como estas personas" o "Esta falda no luce tan bien en mí". Ella expresó la creencia detrás de ellos como "Nunca seré lo suficientemente atractiva". Esta creencia, se dio cuenta, estaba basada en un estándar imposible que ella mantenía para sí misma y aparentemente para nadie más. Al comprender esto, ella aprendió la importancia de poner atención en lo que era único y hermoso en ella en lugar de concentrarse en sus deficiencias percibidas. Como creencia de reemplazo ella eligió: "Soy atractiva tal como soy".

"Ahora, antes de salir, busco algo en qué concentrarme esa noche, como mi sonrisa o mi sentido del humor", dice ella. "Si comienzan a aparecer pensamientos negativos, vuelvo a enfocarme en el pensamiento positivo que traje conmigo".

¿Qué pasa si la amenaza es verdadera?

La mayoría de las situaciones implican únicamente una amenaza percibida para la relación, no una verdadera. ¿Pero qué pasa si tu pareja se comporta de una manera que para la mayoría de las personas sería inapropiada, como besar apasionadamente a otra persona? ¿O qué ocurre si tu pareja llega al hogar y te dice que está teniendo una aventura?

En estas situaciones, es probable que experimentes una variedad de emociones intensas, y los celos son sólo una de ellas. Esfuérzate por no alimentar continuamente estas emociones con pensamientos como: "¿Cómo pudo hacerme esto después de todo lo que pasamos juntos? ¿Acaso yo no le importo? ¡Ella dijo que me amaba!" Ten cuidado con esos pensamientos, intenta no seguirlos ni aferrarte a ellos. Esto puede ser un desafío, pero es infinitamente más efectivo que permitir que tus emociones se salgan de control. Recuerda, son estos pensamientos los que producen una gran parte del dolor emocional que estás experimentando.

Al mismo tiempo, recuerda que no debes ignorar ni suprimir los sentimientos dolorosos que estás experimentando. Vuelve a la sección "Veo en mi interior" en el capítulo 3, que describe un proceso para reconocer y liberar las emociones. En ese ejercicio, como podrás recordar, la intención es procesar y soltar tus emociones sintiendo plenamente sus efectos en tu cuerpo sin aumentarlas con más pensamientos negativos.

Antes de tomar decisiones sobre cómo seguir adelante, es posible que quieras hablar sobre esta situación con un amigo o consejero en quien confíes. *Cualquiera que sea la manera en que abordes esta situación, esfuérzate por no responder o tomar decisiones basadas en sentimientos como la ira, la traición o la desesperanza.* Las acciones alimentadas por estas emociones no estarán llenas de sabiduría ni amor.

Puede ser especialmente difícil en estos momentos recordar el contexto de tu relación (ver el capítulo 6) y la idea de que todo tiene el potencial de contribuir a tu vida de alguna manera. Pero ahora es más importante que nunca, ya que ésta es la manera más directa de volver a tener una experiencia de unión con tu pareja, si eso es lo que tú quieres. Cualquiera sea el resultado final, será más fácil encontrar tu camino en esta transición si te das el tiempo necesario para tomar las decisiones desde un lugar de consciencia, aceptación y amor. Esto es cierto incluso si la situación los lleva a ti y a tu pareja a la separación o a cambiar el nivel en el que cada uno participa de la vida del otro.

¿Qué pasa si tu pareja siente celos?

Si tu media naranja experimenta celos y comprende que esos celos son su propia responsabilidad, lo máximo que puedes hacer por apoyarla es proporcionarle un espacio seguro y amoroso para que examine esa reacción y que llegue al fondo de lo que la está causando. Podrías ofrecer quedarte a su lado mientras lo hace. Si surgen acusaciones, simplemente date cuenta de ellas y déjalas pasar; haz un esfuerzo por no responder a la defensiva. Si te parece correcto, puedes ayudar a tu pareja en este proceso haciéndole preguntas como: "¿Qué estás sintiendo? ¿Qué te estás diciendo a ti mismo/a que hace surgir estas emociones?". Y lo que es más importante, hazle saber a tu pareja que la amas y que crees que es capaz de encontrar la salida a esto.

Si tu pareja te señala como la causa de sus celos, el simple hecho de que tú sepas que sus sentimientos son en realidad su responsabilidad, comenzará a cambiar la dinámica entre los dos. Cuando dejes de modificar tu comportamiento para minimizar sus reacciones, tu relación comenzará a cambiar. Incluso querrás hablar abiertamente con él o ella acerca de lo que estás haciendo y por qué. Dale seguridad a tu pareja de que la amas y que comprendes que se siente incómoda con algunas cosas que tú haces, pero explícale que ya no quieres ser responsable por sus sentimientos.

Si tu pareja no parece estar predispuesta a hacerse responsable de sus celos, lee la sección "¿Qué pasa si a mi pareja no le interesa aligerar su equipaje?" del capítulo 3. Esta sección describe las tres opciones que tienes a tu disposición si tu pareja no tiene interés en hacer lo necesario para crear una experiencia verdaderamente unida.

Por supuesto, en todo esto suponemos que los celos de tu pareja son una respuesta a una amenaza *percibida* para la relación, no a una verdadera. Si tus acciones presentan una amenaza genuina, tienes que hacer un examen de consciencia. Puede que demande un poco de esfuerzo dar un paso atrás en tu relación y expandir tu conocimiento de lo que estás haciendo. Es posible que quieras reflexionar con preguntas como éstas: *¿Es ésta la relación en la que quiero estar en este momento? Si lo es, ¿qué tipo de persona quiero ser como parte de ella?*

Finalmente, si tu relación tiene el potencial de ser violenta o abusiva en torno a los celos o a cualquier otro problema, debe ser tu prioridad buscar ayuda profesional o algún tipo de apoyo. También podrías decidir cambiar tu nivel de participación en la relación o incluso dejarla por completo. Si es así, utiliza esta oportunidad para hacer una exploración personal necesaria para aumentar tu propio sentimiento de valor y evitar volver a atraer a tu vida este tipo de dinámica nuevamente.

Transformar los celos en apreciación

Sólo podemos apreciar por completo el regalo de tener a alguien en nuestras vidas cuando captamos la realidad de que podríamos perderlo en un instante, sin advertencia y sin la oportunidad de decir adiós. Aunque todos sabemos esto en cierto nivel, la mayoría de nosotros casi nunca lo piensa. Pasamos tanto tiempo con nuestra pareja que es fácil caer en el hábito de no verlos más como el adorable ser humano que alguna vez reconocimos en él o ella.

Una manera poderosa de mantener la apreciación que tienes por tu pareja es concentrarte intencionalmente en cómo sería la vida si él o ella no estuvieran contigo. Tómate un momento para reflexionar sobre el sentimiento de pérdida que tendrías si te arrebataran a tu ser querido repentinamente. Imagina recibir una llamada telefónica y escuchar una voz que te dice que tu pareja ha tenido un accidente serio y acaba de morir. Imagina que todo esto ocurre *ahora mismo*.

Ahora piensa en las maneras en las que diste por hecho que tu pareja siempre estaría a tu lado. Puede ser algo tan simple como no notar las cosas que hace por ti todos los días, o quejarte y sentirte decepcionado con la forma en que las hace. Luego imagina cómo te sentirías si él o ella acabaran de morir y cómo se desarrollaría tu vida a partir de ese momento. Intenta que tus imágenes mentales sean lo más realistas, al mismo tiempo que te sientes triste por la profundidad de tu amor hacia este ser humano increíble y todo lo que compartieron juntos.

Esta visualización arranca rápidamente los detalles importantes de tu relación —los resentimientos, las expectativas y las otras cosas que se han acumulado entre los dos— y te deja con la esencia de su unión. A través de este ejercicio, cultivarás la gratitud por tu relación y será menos probable que desperdicies las oportunidades que tienes en este momento. Esto es cierto especialmente cuando te das cuenta de que esta visualización te brindará únicamente una pista de cómo sería realmente perder a tu ser amado.

Sabiendo que la visualización es un ejercicio poderoso para manifestar nuestros deseos, algunas personas temen que imaginar lo peor eventualmente hará que eso suceda. Sin embargo, en esta visualización nota que tu enfoque no está en manifestar experiencias o posesiones particulares. Tu enfoque está puesto en aumentar tu conocimiento y apreciación de lo que tú ya tienes, así que la *apreciación* es lo que estarás manifestando.

Utiliza esta visualización para transformar tu experiencia de los celos en gratitud. Cuando sientes que los celos avanzan, en lugar de alimentarlos con pensamientos que los fomenten, concéntrate en tu visualización. Pon tu atención en los sentimientos de apreciación por tener a este ser humano en tu vida. Conéctate con la profundidad de tu amor por esa persona y cuánto merece ser apreciada tu relación con ella.

> Los celos son una manera negativa de enfrentar la posibilidad de perder a alguien. La apreciación es una manera positiva de enfrentar exactamente lo mismo.

Janet y Daniel han estado casados por tres años. La hija de Daniel, Ema, asiste a la secundaria en un estado vecino. Daniel ve a su hija con frecuencia, generalmente cuando viaja doscientas millas el viernes y regresa el sábado por la noche. Al principio Janet estaba celosa de estos viajes. Ella intensificaba esos sentimientos con pensamientos como: "Él siempre pone a Ema primero. Solo pasa los sábados conmigo si ella tiene otra cosa que hacer".

Cuando Janet decidió que quería abandonar los celos que sentía con respecto a este tema, se prometió a sí misma que cada vez que estos sentimientos aparecieran, se concentraría en su lugar en todas las cosas que amaba de su esposo. Como sabía que no tendría hijos con Daniel, también utilizó esta oportunidad para valorar su lado de "papá". Ella pensaba cuán amoroso era él como padre y cuán feliz estaba cuando pasaba tiempo con su hija. Además, contemplaba cómo sería su vida si Daniel no estuviera en ella.

Janet cree que este enfoque es muy efectivo. "Ahora siento tanto amor por Daniel cuando visita a su hija. ¡Definitivamente es mejor que pasarme el tiempo sintiéndome abandonada y molesta!"

Canalizar los celos en deseo

También podemos transformar la energía de los celos al usarla para incrementar la pasión y el deseo en nuestra relación. Cuando nos enfrentamos a algo que creemos que es una amenaza —como pensar que nuestra pareja nos dejará por otra persona— nuestro cuerpo responde inundando el torrente sanguíneo con adrenalina. El estado elevado de alerta en que nos pone esta hormona es similar al estado de excitación sexual. Con la práctica, podemos aprender a reinterpretar la descarga de adrenalina que se genera con los celos como *excitación* y hacer que sea un recordatorio de la pasión que subyace.

A Enrique le gusta usar la idea de que alguien más cree que su pareja es atractiva para conectarse con su propia atracción hacia ella. "Cuando un hombre le presta atención a mi novia y comienzo a sentirme celoso", dice él, "la miro nuevamente, como si fuese la primera vez, y trato de ver y de sentir lo que él está viendo y sintiendo".

Si te vuelves experto en esto, un poquito de celos puede incluso volverse algo que te gustará encontrar. "Me gusta que me recuerden la mujer interesante y sexy que es ella", dice Enrique.

Juliana practica convertir los celos en deseo cuando sale con su novio. "Cuando me permito experimentar los celos que aparecen cuando él está hablando con otra chica, también puedo sentir mi deseo hacia él".

Antonio, fotógrafo de bodas, tiene una perspectiva similar. "Cuando una persona tiene interés en mi pareja, me hace verla de una nueva manera, y quiero intensificar eso".

Lauri, la bailarina de salón, ha encontrado otra manera de canalizar los celos en deseo. "Me di cuenta de que no podía ganar en el juego de las comparaciones. Así que en lugar de sentirme amenazada por la belleza de otras mujeres, decidí que me inspiraría en ello, para disfrutarlo yo misma. Entonces pensaba: 'Guau, ella es hermosa. Con razón a mi pareja le gusta mirarla. ¡A mí también me gusta mirarla!'"

Abordar los celos como una oportunidad de sanación

En una relación verdaderamente conectada, los celos proporcionan una oportunidad para participar de una de las experiencias sanadoras más profundas que existen.

Recuerda, los sentimientos de celos son una respuesta automática a pensamientos de comparación, inferioridad o deficiencia: "Tú piensas que ella es más bonita que yo". "Si yo fuese suficiente para ti, no necesitarías coquetear con nadie más". Los pensamientos de este tipo nos hacen sentir amenazados, incluso si en nuestro corazón sabemos que no lo estamos.

Todos los celos que surgen en nosotros son una indicación de que aún estamos aferrándonos a inseguridades y creencias restrictivas acerca de nosotros mismos. Transformar esas creencias con la asistencia de una pareja amorosa y comprensiva es una experiencia especialmente íntima. *Las situaciones que hacen brotar los celos son exactamente lo que necesitamos para identificar y liberar nuestras creencias restrictivas.*

Josué y Samantha conocen de primera mano la profunda sanación que proviene de disolver la inseguridad y los celos en el espacio seguro que brinda una relación amorosa. Josué es un seductor natural. Durante los primeros cinco años de su matrimonio, dice Samantha, "No me sentía cómoda con eso, pero sabía que no sería bueno para nuestra relación si trataba de cambiarlo".

Luego la pareja conoció la idea de que el comportamiento natural seductor de Josué podría ofrecerle a Samantha una oportunidad de sanar sus inseguridades. Aunque se sentía nerviosa, estaba dispuesta a intentarlo.

"La próxima vez que sucedió estábamos en la casa de un amigo", dice ella, "cuando Josué se encontró con una mujer que conocía de la universidad. Enseguida se pusieron a hablar sobre todos sus viejos amigos, y los celos surgieron con fuerza. Inmediatamente comencé a prestar atención a lo que yo estaba pensando".

> Ayudarse mutuamente a sanar de cualquier cosa recompensa a nuestra relación con gratitud y amor.

Samantha identificó varios pensamientos que estaban disparando su inseguridad: "Ella es más bonita que yo". "¿Habrán tenido sexo?" "¿Estará ella interesada en él?"

Más tarde, en casa, ella compartió sus pensamientos con Josué.

"Lo que nos dimos cuenta", dice él, "fue que Samantha aún tenía dudas sobre la fortaleza de nuestra unión".

Josué respondió a este descubrimiento verbalizando exactamente lo que él pensaba que hacía que su matrimonio fuera tan especial.

"Le aseguré a Samantha que ella es hermosa, sexy y muy importante para mí. Le dije que aunque sí tuve una relación sexual con Claire y aún me parece atractiva, no tengo interés en apostar por otra relación cuando ya tengo una que es increíble".

Luego la pareja creó una creencia de reemplazo para que Samantha la utilizara cuando se sintiera insegura: "Josué adora esta relación increíble que tenemos".

"Este recordatorio verdaderamente me ayuda a soltar los celos cuando aparecen", dice Samantha. "Cuando lo uso, inmediatamente me siento más cerca de Josué de nuevo".

Avanza con amor

Las ideas que siguen están pensadas para parejas que quieren explorar un nivel más íntimo y cuya relación es lo suficientemente fuerte y flexible para soportarlo. Estas parejas han creado un espacio seguro, amoroso y comprensivo. Buscan maneras de expandirse para incluir todo lo que surja y permitir que contribuya de manera positiva a su relación. Tienen experiencia en ayudarse mutuamente a identificar y transformar las creencias restrictivas.

Si tú y tu pareja tienen problemas con los celos o la sexualidad, o si aún están luchando contra los recuerdos de maltratos pasados, es posible que no estén listos para estos tipos de exploraciones. También es posible que simplemente no les interesen o no las sientan adecuadas.

Si los dos están listos para experimentar, háganlo con la intención de sentirse unidos en todo momento y de aceptarse y apoyarse completamente el uno al otro durante este proceso. Aborden todo lo que surja, como las inseguridades o los celos, con compasión y deseo de sanar las causas subyacentes. Valórense uno al otro por estar dispuestos a salir de sus zonas de confort para profundizar su unión. Finalmente, ¡diviértanse! Disfruten del sentimiento de tener tanta intimidad con alguien a quien aman.

Conéctense a través de sus atracciones

Muchos de nosotros pensamos que es una falta de respeto demostrar abiertamente que otras personas nos parecen atractivas cuando salimos a una cita. Sin embargo, sostener esta creencia a menudo tiene el efecto no intencional de levantar paredes invisibles entre tú y tu pareja. Cuando tu media naranja no tiene "permiso" para mirar a otras personas, puede que lo haga a escondidas, y que espere que sus miradas de reojo no sean detectadas. O puede que se obligue a mirarte solo a ti y cualquier otra cosa que se considere aceptable, mientras que aumenta gradualmente el resentimiento.

"¿Quieres decir que se supone que tengo que *dejar* que mi esposa mire a otros hombres?", podrías preguntarte en este momento.

Dado que es probable que ella mire de cualquier manera, podrías incluso *invitarla* a mirar. ¿Cómo podría beneficiarte esto? En primer lugar, te permitirá sentirte mucho más cómodo en situaciones que solían dejarte nervioso e inseguro, porque tendrán una experiencia compartida en lugar de una que los separa. En segundo lugar, a ella le encantará pasar tiempo contigo.

Veamos a Juan, que dice: "Con mi novia anterior, cada vez que miraba a una chica atractiva me acusaba de mirar maliciosamente y de faltarle el respeto. Luego conocí a Carla. A ella no sólo no le molesta que mi atención ocasionalmente se desvíe hacia otras mujeres; ¡sino que además ella me las señala!"

También podrías descubrir que es liberador para *ti* cuando tu pareja se siente libre de ser ella misma.

"Muchos hombres piensan que tienen que esconderse cuando quieren mirar a una chica linda", dice Carla. "Si un hombre actúa extrañamente cuando ve a alguien que le gusta, yo también me siento extraña. Pero si él está relajado y es él mismo cuando está conmigo, yo también me relajo".

Es probable que la siguiente exploración genere sentimientos de incomodidad. *Descubrir y sanar los recuerdos, las emociones dolorosas y los temores es una parte esencial del proceso,* por lo que es vital que hayan creado un espacio seguro y comprensivo en la relación. En este ambiente amoroso podrán compartir abiertamente sus pensamientos y sentimientos y, juntos, encontrar maneras de transformar su experiencia.

Antes de comenzar con esta exploración, puede que quieran crear una intención para definirla. Hagan que su prioridad sea mantenerse unidos, no la exploración por sí misma.

La próxima vez que tú y tu pareja estén en un restaurante o en una fiesta, elijan un buen punto de observación para mirar la gente que los rodea. Uno por vez, túrnense para ser quien observa. Si tú eres el observador, deja que tu mirada se mueva por el lugar naturalmente y permítete mirar a quienquiera que te llame la atención. (Dijimos "mirar", no "fijar la mirada".) Debido a nuestro condicionamiento, mirar a otra persona que no sea tu pareja incluso por un momento puede ser difícil. Recuerda que tu pareja te

> ¿Qué es lo que experimentamos cuando dejamos de poner energía en preocuparnos por lo que atrae a nuestra pareja? Libertad.

apoya voluntariamente para flexibilizar ese condicionamiento.

Cuando tu pareja es quien observa, simplemente concéntrate en su rostro y sé receptivo. A medida que él o ella observa a las personas que están en la sala, estate alerta de lo que tú estás pensando y sintiendo, especialmente con respecto a los mensajes negativos que podrías estar enviándote a ti mismo. Es posible que tengas que mantener activamente tu atención puesta en pensamientos como "Es maravilloso que estemos haciendo algo como esto juntos", y que sueltes otros como "No soy tan linda como ella".

Cuando tu pareja se fije en alguien, lo sabrás. En cierta medida, podrás *sentir* lo que él o ella está sintiendo. Si absorbes realmente ese sentimiento, verás que te conectarás con tu pareja en un nivel muy íntimo.

Si aparecen los celos, abórdalos como una oportunidad para sanar. Juntos, concentren su atención en identificar y liberar las creencias que son la fuente de los celos.

No te sorprendas si este ejercicio te parece muy liberador e incluso sensual. Al ampliar los límites de la relación y explorar nuevas dimensiones juntos, estarán recargando (¡y posiblemente sobrecargando!) su conexión sexual.

Conéctense a través de las experiencias previas

Nuestras experiencias pasadas, así como lo que nos atrae en el presente, tienen el potencial de contribuir en gran medida a nuestra relación. Muchos de nosotros, sin embargo, nos sentimos incómodos al escuchar acerca de los amores y encuentros sexuales previos de nuestra pareja. Podemos tender a juzgar nuestras experiencias románticas y sexuales contra las de ellos, o a compararnos con sus amores anteriores. Es posible que nos preocupe que nuestra pareja exprese aprecio o afecto hacia un amor anterior. Muchas parejas, generalmente a través de un acuerdo implícito, simplemente evitan el tema por completo.

Algunas personas, aunque se sienten intrigadas por la intimidad previa de su pareja y la idea de compartir la propia, han sido condicionadas para evitar el tema o piensan que sus parejas no querrán escucharlas. Otras personas se sienten cómodas al relatar sus propias historias, pero prefieren evitar las inseguridades que surgirían si escucharan las historias de sus parejas.

Debido a que muchos de nosotros tendemos a sentir celos en estas situaciones, a menudo se nos aconseja que seamos cautos sobre qué experiencias compartimos y cuánto debemos revelar. Se nos advierte que no digamos nada

> En una relación completamente íntima, todo se puede compartir porque todo está bien.

que podría hacer que nuestra pareja se sienta insegura o inadecuada. Pero si establecemos el tipo de relación en la que debemos censurarnos a nosotros mismos y tratar de adelantarnos y evitar cualquier cosa que pudiera disparar los celos de nuestra pareja, posiblemente nunca conozcamos la profunda intimidad que se encuentra en el corazón mismo de una relación unida.

Cuando disponemos de las herramientas y las intenciones para sanar cualquier sentimiento incómodo que pueda surgir, compartir nuestros romances y encuentros sexuales pasados con nuestro amor actual puede ser un camino hacia una intimidad más profunda. Revelar aspectos sobre nosotros mismos que generalmente mantenemos ocultos, explorarlos con la persona que amamos, es la verdadera intimidad. Un espacio seguro y amoroso es también un entorno ideal para investigar y comenzar a sanar los recuerdos dolorosos o las heridas que aún quedan de experiencias sexuales que fueron vergonzosas, degradantes o traumáticas. A través de este proceso, es posible que te sientas inspirado para ir más allá en la investigación con la ayuda de un instructor o consejero.

Si tú y tu pareja deciden tratar de compartir sus recuerdos y experiencias, será un proceso muy personal. Cuando tú eres quien cuenta la historia, puedes crear la escena para tu pareja describiendo el marco y cómo te sentías. Cuando eres quien escucha, puedes simplemente ofrecerle a tu pareja tu amorosa presencia, escuchando con atención y abandonando cualquier opinión, crítica, o intención oculta. O podrías hacer preguntas que animen a tu pareja a explorar sus recuerdos con mayor profundidad. Cualquiera sea el enfoque que ambos tomen, tengan la intención de mantenerse completamente conectados. Si se disparan sentimientos incómodos, concentrarte en explorarlos y sanarlos puede ser una experiencia verdaderamente amorosa.

> **Tu pareja es la persona que amas hoy en parte debido a las experiencias que ha tenido.**

A medida que se conectan a través de sus historias íntimas, el círculo de su relación se expandirá para abarcar sus experiencias pasadas. En lugar de sentirse separados del pasado de cada uno, estarán recurriendo a esos pasados para que contribuyan con su presente, juntos.

Saber cómo abordar los celos de formas que en realidad los acerquen más a ti y a tu pareja puede atenuar uno de los problemas más desafiantes que tienen muchas relaciones. Al aprender cómo transformar los celos en apreciación y deseo, y cómo utilizarlos como una oportunidad de sanación, algún día podrías incluso llegar a recibir con gusto esta poderosa emoción.

10

Jugar a la pídola

Las personas que se relacionan a nivel de alma gemela
pueden ayudarse unas a otras a abandonar creencias restrictivas,
a sanar su pasado y a elevarse por encima de sus limitaciones
percibidas. Tal como los niños que juegan a saltar uno por
encima del otro* se apoyan mutuamente para avanzar hacia
adelante, tú y tu pareja pueden inspirarse uno al otro para
reconocer y liberar su potencial en todas las áreas de sus vidas.

En nuestra búsqueda continua de tener una vida feliz y satisfactoria, todos nos desarrollamos hacia muchas direcciones al mismo tiempo. Puede ser que nos desarrollemos activamente en áreas tales como nuestra carrera, salud o la valoración de nosotros mismos. Puede ser que mejoremos nuestra relación con el dinero, la comida,

---

* Este juego tiene diferentes nombres en algunos países: España (jugar a la pídola), México (saltar el burro), Argentina (jugar al rango), y otros países (juego de la dola).

la edad, el ejercicio o el sexo. En cualquier momento, cada uno de nosotros se habrá desarrollado más en algunas áreas que en otras.

En una relación de almas gemelas, los miembros de la pareja están especialmente capacitados para guiarse y apoyarse uno al otro en este proceso natural del desarrollo de uno mismo. Tu pareja puede ver tu potencial no explotado mejor que cualquier otra persona. Puede "tener una creencia positiva acerca de ti", como le gustaba decir a Michael Naumer, "hasta que aparezca la evidencia". Tu pareja puede divisar las oportunidades para que tú crezcas y te expandas. También puede detectar las áreas en que la falta de confianza, la duda u otros temores podrían estar frenándote. Tu pareja ni siquiera necesita ser más evolucionada que tú en una área en particular para ofrecerte apoyo y orientación de gran valor.

En un sentido muy real, *un alma gemela es tu entrenador personal hecho a medida, tu maestro espiritual y tu animador, alguien que es consciente de tu potencial, así como de tus limitaciones, en cada aspecto de tu vida.* Como tu entrenador personal, te mantiene en el buen camino con respecto a tus deseos y aspiraciones. Como maestro espiritual, te guía en dirección a la mejor versión de ti mismo. Como tu animador, te brinda frecuentemente ánimo, motivación e inspiración.

Jugar a la pídola, al igual que los niños que saltan uno por encima del otro, es el proceso por el cual las almas gemelas se ayudan una a la otra a dar el próximo salto para alcanzar todo su potencial.

> **Las almas gemelas ven a sus parejas como si ya hubiesen dado ese próximo salto.**

El juego de la pídola:
Una relación en un nivel más elevado

Las personas que tienen una relación de almas gemelas se ven a sí mismas y a sus parejas como seres que evolucionan constantemente. Se ayudan amorosamente una a la otra en su búsqueda para convertirse en la mejor versión posible de sí mismas. Cuando uno de ellos se siente inspirado para expandirse hacia una dirección en particular, el otro miembro de la pareja le ofrece toda su ayuda y su apoyo.

Los estudios recientes sobre las relaciones exitosas a largo plazo confirman que cuando dos personas se apoyan y dan su afirmación recíproca para convertirse en el ideal de sí mismas, la relación prospera. En honor al gran artista del Renacimiento, se ha acuñado el término "efecto Miguel Ángel" para describir este fenómeno. Como los escultores que quitan la piedra con el cincel para revelar el arte que está oculto en ella, las parejas que juegan a la pídola esculpen y apoyan al otro para que saque sus mejores cualidades.

Adriana y Estéfano, quienes se conocieron en Internet hace varios años, hablan acerca de apoyarse mutuamente para convertirse en las personas que sueñan ser.

"Estéfano es un ser humano increíble, y yo sé que estoy en su vida para asegurarme de que él vea eso", dice Adriana. "Es inspirador ver que la persona que amas florece y saber que tú tuviste algo que ver con eso".

"Cuando veo el deseo que tiene Adriana de que yo sea lo mejor posible", agrega Estéfano, "me hace querer hacer lo mismo por ella".

Las personas que se relacionan a nivel de alma gemela reconocen que todos evolucionan a su propio ritmo. Saben que el progreso de su pareja en una área en particular puede ser gradual. (Esto es especialmente así si está involucrada una creencia fundamental o un asunto del pasado profundamente arraigado.)

> Las almas gemelas no tienen una línea de tiempo para la evolución de su pareja.

Ellos entienden que a veces, después de explorar un tema en particular, tendrán que abandonarlo por un tiempo. Aunque puede ser difícil resistirse a la tentación de acelerar el ritmo, las almas gemelas saben cómo intuir cuándo se presentará otra oportunidad, un momento en que su pareja esté nuevamente lista para recibir su ayuda amorosa.

Tal como en el juego para niños, *la dicha de jugar a la pídola está en el proceso*. Como dice Estéfano: "Cada vez que exploramos algo juntos, incluso si hemos hablado sobre eso antes, es una experiencia increíblemente satisfactoria".

La espiral ascendente del juego de la pídola crea un lazo extraordinario. Cuando das un salto con la ayuda de tu pareja y luego la ves desde una nueva perspectiva, la verás con ojos de gratitud y amor. Eso te inspirará a ayudarla a dar *su* próximo salto.

Lo que no es el juego de la pídola

Para comprender el juego de la pídola, es esencial reconocer la distinción entre ayudar a tu pareja a esculpir su *propia* versión elevada de sí mismo e imponer *tu* visión sobre él o ella. El juego de la pídola no tiene que ver con empujar a tu pareja hacia una dirección que no le interesa. No se trata de insistir para que tu pareja sea quien tú crees que debe ser o que haga lo que tú crees que debe hacer. En lugar de eso, significa ofrecerle tu espalda como un apoyo que puede utilizar para avanzar en el camino que él o ella elija.

Muchas relaciones se rompen cuando un miembro de la pareja intenta constantemente mejorar o arreglar lo que percibe como los problemas o deficiencias del otro. Además de tener una resistencia natural a que le digan qué hacer o lo que es mejor para ella, la persona que recibe "ayuda" rara vez siente que su pareja realmente apoya a quien ella es y hacia dónde quiere ir.

Meses después de terminar la relación, Lucía aún adjudicaba el final de su relación a la negativa de Alberto a los cambios. Ella no veía en qué medida su insistencia en que ella sabía lo que era mejor para él había contribuido a las dificultades que tenían para llevarse bien.

Alberto dice: "Siempre parecía que Lucia pensaba que ella tenía más sabiduría, y por eso yo debía escucharla. Pero jamás sentí que ella se hubiese tomado el tiempo para entender lo que *yo* quería decir".

Si no estás seguro de cuál es la visión elevada que tu pareja tiene sobre sí misma, *pregúntale*. Explora sus más grandes sueños y aspiraciones, y también de qué manera tú podrías apoyar en su búsqueda.

¡Actuar como el entrenador de tu pareja, y entrometerte en los asuntos de tu pareja, son dos cosas completamente diferentes!

Habiendo dicho eso, *cuando dos personas están verdaderamente sintonizadas una con la otra, a menudo pueden imaginar posibilidades para sus parejas que él o ella aún no han visualizado para sí mismos.* Si ves en tu pareja un potencial que ella no nota, y tienes un espacio amoroso y receptivo en el cual pueden explorar cualquier cosa juntos, dale a tu visión una posibilidad. Si no surge nada tangible de eso, al menos habrás plantado una idea que podría adquirir alguna forma en el futuro.

¿Qué hace que el juego de la pídola sea posible?

El capítulo anterior ofrece herramientas para crear una relación más iluminada. Estas herramientas, además de algunos ingredientes —responsabilidad, confianza, voluntad y transparencia— fomentarán un ambiente en el cual el juego de la pídola sea posible.

Responsabilidad

En la mayoría de las relaciones convencionales, las personas no se han dado cuenta aún de que son la fuente de su propia infelicidad. En lugar de eso, señalan hacia otra parte, culpan a otras personas y al mundo por las cosas "malas" que les pasan. Debido a esto, cualquier ayuda que su pareja les ofrezca no solucionará la verdadera causa de su sufrimiento: la manera en que eligen interpretar lo que está ocurriendo en sus vidas.

Cuando te haces responsable de tu propia experiencia, también puedes aprovechar por completo la ayuda de tu pareja.

Aunque es posible que nuestra pareja logre reducir temporalmente nuestro sufrimiento, no puede sanar la verdadera causa. *El cambio real es un proceso interno.*

En una relación de almas gemelas, ambas personas se esfuerzan constantemente por hacerse responsables de su propia experiencia. Ellas hacen esto recordando que su *interpretación* de lo que sea que suceda a su alrededor es lo que crea la *experiencia* que tienen de esos eventos. (Exploramos esta idea en el capítulo 1.) Debido a que no acusan ni buscan a su pareja para que "arregle el problema" o haga que las cosas vayan bien, la pareja se siente libre de brindarles todo su apoyo y su ayuda.

Confianza

Igual que la responsabilidad, la confianza es esencial para que el juego de la pídola sea posible. Sin embargo, la confianza de la que hablamos no es en el sentido restrictivo de decir: "Confío en que harás esto; confío en que no harás aquello". Tal vez recuerdes que este tipo de confianza, que se origina en el temor, en realidad es una manera solapada de control (ver el capítulo 5).

La confianza que es la base del juego de la pídola es de tipo *expansivo*. En primer lugar, confías en que tu pareja está haciendo lo mejor que puede. Por ejemplo, si tu pareja ha elegido y declarado libremente un contexto para su relación (ver el capítulo 6), tú confías en que hará lo mejor que pueda por recurrir a su sabiduría y seguir esa orientación.

Si tu pareja ve una cualidad positiva en ti, confía en que está allí.

Incluso si tu pareja sólo recuerda utilizar su contexto en pocas ocasiones, tú comprendes que simplemente es lo mejor que puede hacer en ese momento.

En segundo lugar, confías en que utilizarás todo lo que se presente en tu vida y en tu relación como una oportunidad para crecer. Esto significa que no sólo no te resistirás a las situaciones difíciles, sino que harás lo mejor que puedas por darles la bienvenida y sacarles el mayor provecho.

Voluntad

El tipo de sanación profunda que es posible en una relación de almas gemelas requiere tener la voluntad de abrirse y ser vulnerables. Evitar estas cosas con tu alma gemela puede provenir de la falta de aceptación de uno mismo, el temor a lo desconocido, o la simple inseguridad, *y todas éstas son cosas con las que puede ayudarte tu alma gemela, si se lo permites.*

La receptividad hacia tu pareja, y la voluntad de ser vulnerable, son la clave para sacar el mayor provecho del juego de la pídola. *Para dar saltos sustanciales, tienes que estar dispuesto a entregarte por completo a tu pareja y al proceso.*

"Cuando pienso que me estoy protegiendo a mí misma escondiéndome o huyendo de algo", dice Adriana, "Estéfano encuentra la manera de traerme de nuevo. Él me hace ver que en realidad puedo abrirme a cualquier cosa que me cause miedo".

"No voy a dejar que ella escape", explica Estéfano. "Porque en el fondo, la Adriana que conozco no *quiere* huir. Sólo necesita un poco de ayuda para enfrentar sus miedos".

Transparencia

El juego de la pídola es mucho más efectivo cuando los jugadores son tan transparentes como sea posible. Esto significa que se esforzarán por comunicar toda su verdad: sus pensamientos, sus temores, sus sentimientos y sus deseos. Cuando dos personas están así de conectadas, ocultar algo no es una opción.

"Siento que Adriana es mi suero de la verdad", dice Estéfano. "Cuando estoy con ella, no tengo deseos de guardarme nada. Realmente valoro el tipo de persona que es ella y que saca eso en mí".

Adriana dice: "Nuestra confianza en el otro es tan fuerte que sabemos que cualquier cosa que la otra persona está tratando de mostrarnos tendrá un gran valor. Así que escuchamos, incluso cuando es difícil. Es posible que yo no pueda escucharlo la primera vez, la tercera vez o incluso la décima vez que él me lo dice, pero siempre haré lo posible por escucharlo".

Ofrézcanse mutuamente una mejor posibilidad

Este libro está lleno de opciones para cambiar tu perspectiva sobre cualquier área en la que estés limitando tu propio potencial. Cada una de estas herramientas tiene el poder para transformar tu experiencia. Si ya has utilizado algunas de ellas, habrás descubierto que es posible tener un enorme progreso por tu cuenta.

No obstante, a veces nos olvidamos de usar estas herramientas, o enfrentamos dificultades cuando intentamos ponerlas en práctica. Esto es especialmente real cuando nos enfrentamos a una situación desafiante o que produce temores, cuando tratamos un trauma del pasado, o cuando somos demasiado críticos con nosotros mismos. En momentos como éste, es difícil recordar que contamos con estas herramientas, y mucho más lo es aplicarlas.

Es allí donde entra en acción el juego de la pídola.

Cuando tienes problemas para encontrar un enfoque efectivo para un asunto en particular, tu alma gemela puede ser tu guía. Obviamente esto no significa que intente resolver el problema por ti o que insista en que tú sigas un camino de acción determinado. Significa explorar juntos para encontrar maneras de ver y abordar la situación desde una perspectiva más alta.

Miremos a Franco, un emprendedor que tiene una empresa de Internet. Él y sus dos socios de negocios están en el proceso de recaudar varios millones de dólares persuadiendo a los potenciales inversionistas de que su idea es prometedora. Hay momentos en que la intensidad de todo lo que está en riesgo lo afecta.

"Cuando comienzo a tener dudas sobre el proyecto, Kasandra me pone nuevamente en el buen camino", dice Franco. "Primero me hace recordar que mis nervios son normales y que sin importar lo que ocurra, aprenderé un montón y aplicaré ese conocimiento a mi próximo proyecto si éste no sale bien. Ella me ayuda a descubrir qué está causando mis dudas; por lo general es alguna creencia de que no soy capaz de hacer algo tan grande. Y me ayuda a recordar todas las razones por las que en realidad *sí*

> Tu pareja puede ver posibilidades para ti cuando el temor impide que tú mismo las veas.

soy capaz, como el hecho de que he administrado proyectos grandes anteriormente y que tengo la habilidad de ver el panorama general".

Al ofrecerte una mejor posibilidad, por ejemplo, al invitarte a verte de una manera distinta, tu alma gemela puede ayudarte a sanar las creencias restrictivas o contraproducentes. Debido a que tienes fe en la habilidad de tu pareja para ver aspectos de ti mismo que tú no puedes ver, sabes que lo que tiene para decir será valioso. Tú *quieres* oír y probar sus sugerencias. Cuando tu alma gemela te invita a ver algo de ti mismo que no has visto, no sabías que existía o lo olvidaste, estás abierto a su perspectiva.

Maya, una directora de marketing de unos cincuenta años, a veces se siente deprimida por el hecho de que está envejeciendo. "Algunos días me miro al espejo y no veo nada más que arrugas", dice ella.

Su pareja, Adán, ayuda a Maya a elevarse por encima de esa perspectiva limitada que tiene de sí misma en la que está atrapada en esos momentos. "Ella tiene tanta energía y entusiasmo, y se cuida muy bien", dice él. "Si puedo ayudarla a ver lo que *yo* veo en ella —una mujer hermosa, sin edad— ella irradiaría eso todo el tiempo".

Adán comienza haciendo que Maya reconozca que esos sentimientos surgen cuando se concentra exclusivamente en cómo se ve. "Le pregunto de qué edad se *siente* verdaderamente, y ella dice que de treinta o cuarenta".

"Él tiene razón", dice Maya. "Si no supiera la edad que tengo, pensaría que soy mucho más joven".

Adán luego ayuda a Maya a encontrar maneras de aceptar a la persona que se refleja en el espejo. "Él hace que yo vea que me siento mal cuando me miro con la idea de que no soy tan atractiva como solía ser" agrega Maya. "Él me ayuda a encontrar un pensamiento más positivo para concentrarme, como 'Mi entusiasmo por la vida inspira a los demás'".

> Cuando tu pareja te ofrece una mejor posibilidad, escucha con la parte de tu ser que es más evolucionada.

El juego de la pídola es ideal para ayudarnos a liberarnos de los hábitos o patrones no deseados. Giovanna, por ejemplo, sabía que su manera abrupta de decir las cosas a veces hacía sentir disminuidos a los demás. Ella había intentado dejar ese hábito durante años. Cuando comenzó a salir con Rafael, le contó sobre su deseo de estar más atenta a su tono de voz. Él inventó un recordatorio simple y amoroso para usar cuando la escuchaba hacer comentarios que otras personas pudieran considerar hirientes: se acercaba y le susurraba "¡Auch!" al oído.

"Me hace sonreír, y luego es muy fácil cambiar mi actitud", dice Giovanna.

El enfoque de Rafael también puede usarse con alguien que quiera abandonar algún hábito inconsciente, como la tendencia a quejarse o a contar chismes.

Además de ayudarnos a trasformar las creencias restrictivas, el juego de la pídola puede asistirnos para trabajar e incluso resolver los problemas persistentes del pasado. Tu alma gemela puede ayudarte a encontrar las mejores posibilidades en tus experiencias para que puedas abrazar tu pasado y que hagas el mejor uso posible de todo lo que atravesaste. De hecho, es posible que pienses que este proceso es tan fortalecedor que en realidad vas a comenzar a buscar cosas en tu pasado para explorar juntos.

Diseñar experiencias para ayudar a tu pareja a saltar

Cuando alientas a tu pareja a dar el siguiente salto, a menudo el solo hecho de hablar sobre otras posibilidades con ellos es todo lo que se necesita. Pero las palabras solas no siempre son suficientes. A veces nuestra pareja necesita *sentirse* realmente que es esa persona que sabemos tiene el potencial de ser.

En este caso, puedes inventar ejercicios para ayudar a tu pareja a despejar los obstáculos que pone en su propio camino. Por ejemplo, si la limita una ansiedad o fobia, puedes crear experiencias para ayudarla a explorar ese temor. Al abordar el problema desde diferentes ángulos, puedes ayudarla a liberarse lentamente de él.

Cuando Franco y Kasandra se conocieron, Franco se sentía extremadamente incómodo en situaciones sociales: "En verdad me aterrorizaba el sólo pensar en conocer a personas nuevas".

Sin embargo, Kasandra veía que su nuevo amor tenía el potencial de sentirse mucho más cómodo cuando estuviera con extraños: "Él tiene mucho que ofrecer, y yo sabía que podía ayudarlo a soltar lo que fuera que lo frenaba". Ella lo había visto abrirse y ser cálido y auténtico con personas a quienes conocía desde

> Cuando le ofrezcas a tu pareja una mejor posibilidad, háblale a su ser más evolucionado.

hacía poco tiempo, una vez que superaba las presentaciones. Sabía que si podía ayudarlo a superar esa barrera, el resto sería sencillo.

Comenzaron por identificar y abordar algunas de las creencias que eran subyacentes al temor de Franco ante las situaciones sociales, como "No tendré nada qué decir" y "Las personas pensarán que soy aburrido". Hablaron sobre cómo se sentía cuando pensaba en ir a una fiesta, qué cosas tendía a hacer y a pensar una vez que estaba allí, y cómo sería si estuviese relajado en un grupo de gente a la que no conociera. Esto ayudó a darle a Franco una nueva visión de quién podría ser.

Entonces Kasandra comenzó a entablar conversaciones con extraños cuando ambos salían. "No había ninguna expectativa de que yo me uniera a ello", dice Franco, "pero después de un tiempo, comencé a relajarme. No me ponía tan nervioso como lo hacía en el pasado".

Con el tiempo, Franco pasó a ser quien iniciaba estas conversaciones. "Al saber que Kasandra estaba a mi lado", dice Franco, "podía hablar con extraños sin que me importara sentirme nervioso. Cuanto más practicábamos, menos quería evitar situaciones nuevas. Ahora en realidad me *gusta* el desafío de entablar una conversación con personas a las que acabo de conocer. Aún me pongo nervioso, pero a la vez tengo un sentimiento de emoción"

Adriana y Estéfano también disfrutan de encontrar maneras de ayudarse mutuamente a superar los obstáculos personales. "Cuando él ve que por algún motivo me estoy frenando a mí misma, ¡inmediatamente va detrás de ello!" dice Adriana riéndose.

> Honra a tu pareja procurando ver en ti mismo todo lo que él o ella ve en ti.

Aunque Adriana adora bailar cuando está sola, nunca se sintió cómoda para hacerlo en público. "Me sentía muy cohibida, siempre me preocupaba lo que pensarían las personas a mi alrededor".

Aunque Estéfano no es un gran bailarín, sabía que podía ayudarla. Después de un tiempo, logró convencer a Adriana para que bailara mientras él estaba en la habitación. "Le sugerí que si se concentraba en la música y cómo se sentía en su cuerpo, se olvidaría de que yo estaba allí".

"Practiqué dejar que la música se expresara a través de mí mientras él miraba", explica Adriana, "sin pensar en cómo me veía yo".

"Me di cuenta de que ésa era la clave", agrega Estéfano. "Cómo se siente ella, no cómo se ve".

Eventualmente, Adriana sintió que estaba lista para hacerlo en público. "Cuando sonaba una canción de mi agrado, nos levantábamos", dice Adriana. "Estéfano me decía que lo tomara de las manos y que lo mirara a los ojos. ¡Me dijo que ni siquiera tenía que moverme! Pero no me tomó mucho tiempo meterme en la música y abandonar mis temores de cómo lucía".

"Ahora incluso me *pide* que la mire bailar a veces", informa Estéfano. "¡Es muy divertido ver cómo se involucra en eso!"

Leila y Adrián, que han estado saliendo por un par de años, también utilizan el juego de la pídola para ayudarse mutuamente. El pasatiempo favorito de Adrián es andar en sus motocicletas. Él es parte de un club y participa en eventos de competencia un par de veces al mes. Aunque es un conductor experimentado y Leila quería realmente acompañarlo en estas aventuras, a ella siempre le dieron terror las motocicletas.

"Muchas personas piensan que andar en moto es completamente peligroso, y yo entiendo eso", dice ella, "pero esto es lo que apasiona a mi novio, y quería poder compartirlo con él".

Adrián sabía que Leila estaría más segura si se sentía más cómoda. "Ella me sujetaba con tanta fuerza que *yo* me ponía nervioso, y esa no es una buena manera de andar en moto", dice él.

Así que crearon su propio curso de "cómo andar en moto". Adrián comenzó familiarizando a Leila con la moto: sus características, dónde poner las manos y los pies, cómo subirse y bajarse. Consiguieron equipamiento de seguridad adecuado para ella, y Leila pasó algún tiempo familiarizándose con él. Hablaron sobre cómo inclinarse con él en las curvas. También inventaron señales: un golpecito en su muslo izquierdo significaba que debía ir más despacio; un golpecito en el derecho significaba que ella se sentía cómoda.

> A veces es tu turno para expandirte; a veces es el turno de tu pareja.

Comenzaron a andar en moto frecuentemente los días de buen clima, tomando caminos menos transitados. "Después de poco tiempo", dijo Adrián, "me daba cuenta de que ella se estaba poniendo tensa incluso antes de que ella hiciera la señal, y bajaba la velocidad". Él siguió modificando su manera de andar hasta llegar al nivel de confort de Leila, y ella aprendió a relajarse y a confiar en él. "Durante este proceso, en realidad me convertí en un mejor motociclista yo mismo", informa Adrián. "Estoy más conectado con mi pasajero. Lo que significa que es más seguro para los dos".

Jugar a la pídola
para apoyar un contexto compartido

Ya sea que lo llamen el juego de la pídola o no, las parejas a menudo utilizan este mismo proceso para fomentar los contextos compartidos de la relación (ver el capítulo 6).

Ana Rosa y Joel tienen un contexto compartido para criar a sus dos hijas. "Queremos que nuestras hijas sean conscientes de que no somos las únicas personas en este planeta", dice Ana Rosa. "Nuestro mundo es más grande que nosotros, nuestro barrio o incluso lo que es importante para nosotros".

En el espíritu de este contexto, la pareja tenía el deseo de que su familia experimentase la vida en otro país. Cuando les ofrecieron la oportunidad de vivir y trabajar en Ghana por un año, dice Ana Rosa, "Sabíamos que la única manera de que viviéramos una aventura como ésa era comprometiéndonos verdaderamente a ser el sistema de apoyo del otro. Así que hicimos un acuerdo para recordarnos el uno al otro cuando las cosas se pusieran difíciles que éste era un año para el crecimiento y que estábamos aquí para aprovecharlo. No queríamos desperdiciar este tiempo con sufrimiento".

Joel y Ana Rosa comprendían que el sufrimiento es lo que se produce cuando nos resistimos a lo que está ocurriendo en nuestras vidas. Recordarse esto mutuamente hizo que fuera mucho más fácil para la pareja soportar el aislamiento social, los problemas ambientales y el inesperado estrés laboral que encontraron en Ghana.

"Realmente nos decíamos el uno al otro: 'Comprendo que es

difícil, y que estás afligido ahora, pero recuerda: no tienes que sufrir'".

Leo y Joanna tienen un hijo cada uno de un matrimonio anterior, y además tienen un hijo en común. Para asegurarse de que los tres niños sientan que son una parte esencial de esta familia mezclada, la pareja creó este contexto compartido: "Nuestra familia es amorosa y completa".

Para apoyar este contexto, Joanna y Leo se ayudan mutuamente a construir y mantener relaciones positivas con sus ex-parejas, además de tener una amorosa relación con cada uno de sus hijos. Esto incluye ser flexible y creativo con los planes para las fiestas y las vacaciones y fomentar un ambiente que promueva la conexión con todas las personas importantes en la vida de los niños.

"Esto le comunica a nuestros hijos que una familia se trata de personas que se aman unas a otras", dice Leo. "Comprender esto los ayudará a establecer relaciones fuertes y sanas en el futuro, sin importar en qué circunstancias se encuentren".

Recuerda que el juego de la pídola se centra en la experiencia

Cuando juegas a la pídola, ocasionalmente puedes sentirte un poco frustrado con el progreso de tu pareja. Si es así, no pierdas la esperanza. En lugar de eso, revisa si tu *entusiasmo* por la mejor posibilidad que estás sosteniendo se ha convertido en una *expectativa* de que tu pareja tenga un cierto progreso en un determinado periodo de tiempo.

Si notas que sí tienes alguna expectativa o intención oculta con respecto a cuán rápido progresa tu pareja —o a si realmente lo hace— recuerda que, como todos los demás, tu pareja evoluciona a un ritmo que es perfecto para él o ella.

Mira a los niños jugar a la pídola y verás que no están tratando de *llegar* a ninguna parte.

Tu pareja no siempre querrá jugar a la pídola cuando tú lo quieras, ¡y eso está bien! La clave está en desarrollar la capacidad para darte cuenta cuando tu pareja esté lista para jugar. Puedes hacer esto abandonando las expectativas y poniéndole atención a tu intuición.

Cuando tu pareja esté lista para jugar nuevamente, recuerda que, tal como en la versión de este juego para niños, no hay ningún lugar en particular al que debas llegar. El juego de la pídola se centra en la experiencia, no en el resultado. No tienes que tener una cierta cantidad de progreso para que resulte satisfactorio. Estás jugando porque es *divertido*.

El ambiente amoroso y comprensivo de una relación de almas gemelas brinda nuevas posibilidades para relacionarse en niveles más y más elevados. Al actuar recíprocamente como el entrenador personal, el maestro espiritual, y el animador del otro, tú y tu alma gemela se sentirán recompensados con la inmensa satisfacción que proviene de ser testigos de la evolución del otro hacia la mejor versión de sí mismos. La gratitud que surge a partir de este proceso de dar saltos definitivamente contribuirá al amor y a la apreciación creciente que tienen el uno por el otro.

11

Explorar los límites

Todo ser viviente sobre la Tierra está en constante cambio. El crecimiento y el cambio, de hecho, son la esencia de lo que significa estar vivos. Así que si quieres una relación que esté completamente viva, tienes que permitir, e incluso promover, el crecimiento y el cambio en ti mismo, en tu pareja y en tu relación. El truco es inyectar constantemente nueva vida a tu relación de maneras divertidas y emocionantes, pero también amorosas y unidas.

Después de vivir juntos por tres años, Carmen y Alex se encontraban en la oficina del terapeuta. Carmen le dijo a la terapeuta que a menudo sentía que no era escuchada y que no era apreciada lo suficiente. Alex dijo que Carmen con frecuencia parecía fría y despectiva. Ambos estaban preocupados porque la pasión que había entre ellos se estaba esfumando, y se estaban cansando de tener que realizar un esfuerzo constante para tratar de hacer que la relación funcionara. Carmen estaba incluso pensando en cancelar su compromiso.

La terapeuta le sugirió a la pareja comenzar a abordar sus sentimientos de desconexión agregando una simple rutina a sus vidas. Todas las noches antes de ir a dormir, cada uno debía hacer una lista de las cosas que apreciaron acerca del otro durante ese día. Concentrarse en la apreciación que tenían por el otro tomaría unos pocos segundos, dijo ella, y ayudaría a mantener vivo el romance.

Esa noche, Carmen estaba ansiosa de compartir su lista con Alex. Le leyó con emoción las diez maneras en las que había sentido gratitud hacia él ese día.

Luego lo miró y dijo: "Bueno, ¿qué tienes en *tu* lista?"

"Nada", murmuró Alex. "No hice una lista".

Alex descubrió que simplemente no podía expresar su gratitud de acuerdo a una orden. "Yo amo a Carmen, y hay *montones* de cosas que valoro en ella. Pero que me digan que tengo que poner todo eso por escrito *en este mismo momento* simplemente me paralizó".

Sentir y expresar gratitud es una de las maneras más poderosas de mejorar la experiencia de tu relación. El que ambos miembros de la pareja disfruten de apartar un poco de tiempo para compartir la gratitud que tienen hacia el otro, es un ritual que ciertamente fortalecerá su conexión. Sin embargo, en el caso de Alex y Carmen, la sugerencia involuntariamente agregó otra capa de expectativas a una relación ya tensa. Junto con esa expectativa, por supuesto, llegó la frustración, la culpa y el resentimiento de siempre.

> **El romance rara vez vuelve a encenderse a través de la obligación o las expectativas.**

La verdadera apreciación no surgirá a partir de una expectativa. Si tienes la expectativa de que alguien debería mostrarte gratitud, esa "energía de la expectativa" en realidad tiene el potencial para cerrar el libre flujo la apreciación.

Si programar un tiempo para compartir su apreciación hacia su prometida no funciona, ¿cómo puede Alex aprender a mostrar su gratitud con más frecuencia? Podría comenzar por poner atención a cuando naturalmente siente gratitud hacia Cármen y adoptar el hábito de expresarla en ese momento.

Otro consejo común para mantener una relación vibrante es establecer una noche de cita semanal. Las parejas dedican una noche a la semana a estar juntas para poder concentrarse en la relación y disfrutarla. Se considera que esto es especialmente útil para las parejas que sienten que su relación está pasando a tener un lugar secundario con respecto a sus obligaciones de todos los días.

Pasar tiempo de calidad juntos ciertamente puede ayudar a que una relación prospere, y muchas parejas han descubierto que establecer una noche de cita garantiza que tendrán ese tiempo juntos. No obstante, para otras, la noche de cita crea un sentimiento de obligación y puede convertirse en una fuente potencial de resentimiento y culpa. Algunas parejas en realidad sienten que la presión entre ellos aumenta. Saben que se supone que están esperando esa noche con ansias, ya sea que tengan ganas de salir o no. Si intentan evitar la cita, es probable que se enfrenten a la desilusión de su pareja: "Pensé que teníamos un acuerdo con respecto a esto. No podemos cancelarlo cada vez que uno de los dos está cansado".

Como dijo Tomás, quien está asistiendo a sesiones de asesoría para parejas con su esposa: "Al principio sonaba como una idea genial. Pero hay una gran diferencia entre *querer* una noche de cita y *tener* que asistir a una noche de cita".

Entonces, ¿qué es lo que mantiene viva la relación?

Probablemente conoces a parejas que tienen una relación duradera y que se sienten genuinamente contentas y agradecidas por la vida que comparten. Pero después de estar juntos por un tiempo —especialmente con los desafíos adicionales de enfrentar dificultades económicas o criar a una familia— muchas parejas sienten que su relación se vuelve aburrida o incluso sin vida.

Michael Naumer a menudo observaba que las relaciones típicamente "comienzan como una expansión y luego empiezan a contraerse". Cuando basamos nuestras relaciones en el modelo

Una relación que se expande constantemente está viva.

convencional e intentamos protegerlas y preservarlas para evitar que cambien, la contracción es el resultado inevitable. Cuando basamos nuestras relaciones en el modelo de almas gemelas, con la libertad como principio guía, alentamos ese proceso de expansión para que continúe. *Permitirnos a nosotros mismos y a nuestras relaciones expandirse continuamente, incluso en formas pequeñas, ayudará a mantener nuestra unión llena de energía.*

Si practicas yoga, es posible que hayas escuchado a tu maestro hablar sobre "encontrar tu límite". En el sentido físico, tu límite es el punto en el que te estás estirando bien, pero no tanto como para estirarte demasiado y causarte dolor. Siempre tienes un límite, incluso si has estado practicándolo por treinta años. Tu límite en este momento no es el mismo que era ayer, y no será el mismo que mañana. Ciertamente no es el mismo que el de la persona que está a tu lado.

Para expandirte en tu relación, como en el yoga, aprende a jugar con tus límites.

Una vez que hayas encontrado tu límite, respiras para quedarte en él, y utilizas tu aliento para expandir los músculos un poquito más. A medida que continúas respirando en esa área, sientes que tu cuerpo se abre desde el interior. Esta práctica de sintonizarse con tu cuerpo y darte cuenta del punto hasta el que puedes expandirse se llama "jugar con tus límites".

Lo cual nos trae nuevamente a la noche de cita. El tiempo que pasamos juntos tiende a perder su brillo cuando nos ponemos en piloto automático y dejamos que nuestra rutina diaria se vuelva toda nuestra vida. Al participar en nuevas experiencias y expandirte en nuevas direcciones —*jugando en los límites*— nuestra relación continuará creciendo y cambiando. En otras palabras, nuestra relación está viva.

No es una cita, es una experiencia

Las investigaciones recientes sobre las relaciones a largo plazo confirman que la novedad es esencial para mantener el romance. Las experiencias nuevas y emocionantes hacen que el cuerpo produzca las mismas hormonas que se activan cuando nos enamoramos. Cuando nos enfrentamos a lo desconocido, entramos en un estado de mayor consciencia. Nos sentimos *vivos*. Y cuando hacemos esto juntos, nos sentimos unidos a través de ese sentimiento de vitalidad.

Si buscas intencionalmente maneras de jugar en los límites, inyectarás algunas de estas hormonas a la noche de cita, trayendo vida a tus citas y a tu relación. Descubrirás que quince minutos de jugar en tus límites puede ser mucho más estimulante que cuatro horas de una típica salida de "cena y cine".

La exploración de los límites será diferente para cada pareja. Así como cada individuo crece y evoluciona a su manera, lo mismo ocurre con cada relación. Algunas de las sugerencias que encontrarás aquí te seducirán, otras te parecerán tontas o incluso te darán miedo. Lo que debes buscar son actividades que tengan el potencial de aumentar la intimidad y la unión entre tú y tu pareja.

Una manera de introducir la novedad a tu relación —y hacer que la noche de cita sea irresistible además de divertida— es experimentar con actividades que son completamente nuevas para los dos. El rango de experiencias disponibles hoy en día es virtualmente ilimitado. Con sólo buscar diez minutos en Internet (intenta buscar "ideas emocionantes para citas" o una lista de los eventos locales), encontrarás montones de ideas para cosas que los pondrán a ambos un poco nerviosos o ansiosos, que es exactamente lo que estás buscando.

> Un secreto para que la relación siga siendo emocionante es expandir tu zona de confort.

EXPLORAR LOS LÍMITES

Pueden tomar clases juntos, tales como: baile folklórico de contradanza, pintura, canto, yoga en pareja, o un masaje para parejas. Únanse a un círculo de tambores, salgan a un bar de karaoke, ofrézcanse como voluntarios en un hospital o un refugio para personas sin hogar, o vayan a jugar pool. Asistan a un recital de música experimental, un show de arte escénico o una charla sobre algún tema del que no saben nada. Sean espontáneos: súbanse a un árbol, hagan una voltereta, caminen bajo la lluvia, bésense bajo la luz de la luna. Lean poesía para el otro, vayan a jugar a los bolos, únanse a un grupo de lectura o den un paseo fotográfico. Desafíen al escéptico que llevan dentro visitando a alguien que les lea las manos, les fotografíe el aura o les lea el tarot. Vayan de campamento en lugar de reservar una habitación, especialmente si siempre insistieron con que "¡Yo no voy de campamento!" Recuerden, *el objetivo es salirse del área de confort.*

Las actividades físicas, especialmente las que no les son familiares, crean un vínculo especial porque requerirán que se apoyen y confíen el uno en el otro. Tomen una clase de hip-hop o tai chi. Prueben con el baile del hula-hula, bañarse desnudos en un lago, bailar en línea, o paracaidismo en interiores. Tomen clases en un gimnasio de escalada, únanse a un grupo de entrenamiento físico o entrenen para un triatlón. O vayan por algo un poco más íntimo y busquen un spa japonés, un baño de barro o incluso una

> **Cuando prueban nuevas experiencias juntos, no pueden evitar tener una nueva experiencia uno con el otro.**
>
>

clase de baile sensual. Si estas sugerencias son demasiado mundanas para ustedes, ¿qué les parece quitarse la ropa para una clase de yoga desnudos?

Intenten diseñar algunas experiencias para su cita que estén relacionadas con los sentidos. Si tienen la suerte de vivir cerca de una ciudad donde haya un restaurante que sirve los alimentos en la oscuridad, reserven una mesa. Encuentren algo de música en vivo y escuchen con los ojos cerrados. Alquilen un par de cámaras de aislamiento sensorial por una hora. Hagan ayuno de palabras por una noche, lo que los inspirará a comunicarse por otros medios (¡Sí, es posible ordenar la cena sin hablar!). O hagan una excursión en la que cada uno de ustedes camina sin ver por un rato. Si eres a quien guían, confía en tu pareja y pon toda tu atención en tus sentidos. Describe los sonidos, los olores y las sensaciones que notas. Si eres quien guía, puedes hacer que tu pareja se meta más profundamente en esa experiencia preguntándole: "¿Qué estás sintiendo? ¿Qué escuchas? ¿Cómo sientes el aire sobre tu piel?"

O pueden planificar una "primera cita" asumiendo el rol de dos personas solteras e independientes. Si hacen esto con éxito, experimentarán parte del encanto y el misterio de un nuevo encuentro. Establezcan la escena acudiendo por separado a un lugar en el que ninguno de los dos haya estado; un lugar que no conozcan los ayudará a crear ese sentimiento de "primera cita". En lugar de esperar a que tu pareja llegue, entra y busca un asiento. Cuando se encuentren, mira a tu cita a través de los ojos de alguien que aún no la conoce.

Si te das cuenta de que estás sacando conjeturas o emitiendo juicios, abandónalos y concéntrate en su lugar en lo que te parece intrigante o atractivo de esta persona. Haz contacto visual. Coquetea, *sé seductor*. Si pueden mantenerse en sus roles durante la cena y en el camino a casa, hay una gran posibilidad de que hagas el amor con alguien nuevo esa noche.

> ¡Es mucho más probable que los espectadores se sientan intrigados a que emitan juicios de valor cuando ven lo mucho que ustedes se están divirtiendo!

Otra experiencia de cita fuera de lo común implica que cada uno de ustedes asuma una nueva identidad y se presente con ese personaje, incluso cambiando sus nombres. Puedes elegir una carrera secretamente siempre te haya gustado: ésta es tu oportunidad para ser esa famosa novelista, una celebridad, o un reconocido enólogo. O elige algo completamente disparatado como investigador de OVNIS, espía internacional, ¡o incluso una acompañante contratada!

Emilia y Aarón, que han estado casados por varios años, adoran ponerse creativos en sus citas. Uno de ellos planifica algo único —una noche de observación de estrellas, una zambullida en el lago que está cerca, una caminata romántica al atardecer o masaje tailandés para dos— y le dice al otro solamente lo que es necesario.

Aarón cuenta la historia de una experiencia de cumpleaños que planificó para Emilia. Antes de sacar el auto de la entrada, él ató una venda de seda alrededor de los ojos de ella. "Después de algunos minutos en el auto, perdí todo sentido de la orientación", recuerda

Emilia. "Mientras Aarón me guiaba hacia el restaurante, escuché a una niña jugando, y nos paramos para hablar un momento con ella. Estaba muy animada y feliz, fue una experiencia increíble tratar de imaginarla solo con el sonido de su voz. ¡Casi no podía resistir la tentación de quitarme la venda de los ojos! Y no puedo decirte lo deliciosa que sabía la comida esa noche".

Emilia y Aarón cuentan otra experiencia que es más personal. Los dos siempre se han sentido incómodos al estar desvestidos frente a otras personas. Cuando Emilia sugirió como un chiste que ambos fueran a un spa donde usar ropa es opcional, Aarón sintió vergüenza al principio. Pero rápidamente reconoció que era una buena idea. Debido a que ambos habían evitado la desnudez en el pasado, Aarón se dio cuenta de que ésta era una oportunidad perfecta para apoyarse mutuamente enfrentando juntos sus temores.

"Estábamos tan nerviosos que casi nos dimos vuelta antes de entrar", dice Emilia. "Aunque los primeros minutos de andar caminando desnudos frente a otras personas hizo que ambos transpiráramos como locos, esa aventura resultó ser mucho más divertida que escalofriante. Incluso volvimos varias veces después de eso".

Emilia y Aarón dicen que estos tipos de experiencias hacen que la relación siga siendo emocionante.

"En mi matrimonio anterior", dice Aarón, "nunca exploramos los límites; la relación era aburrida y estaba en decadencia. Ahora comprendo que es en los límites donde está la vida".

Utiliza la intención para guiar tus experiencias

Cuando exploren los límites juntos puede ser beneficioso que se tomen primero algunos minutos para sintonizarse con el otro y crear una intención para esta experiencia. Por ejemplo, si están probando algo nuevo, como una clase de yoga con contacto o van a una fiesta donde uno o los dos podrían sentirse un poco nerviosos o celosos, pueden crear explícitamente una intención para mantenerse conectados durante la experiencia.

> Una intención es un plan de juego lleno de energía que ayuda a dar forma y dirigir tus experiencias.

Cuando Emilia y Aarón pasaron ese primer fin de semana en un spa con uso opcional de ropa, cada uno estableció su propia intención para esa experiencia. La intención de Emilia fue sentir su cuerpo como un todo en lugar de concentrarse en un área específica. La de Aarón fue practicar relajarse mientras interactuaba con personas que no llevaban ropa puesta.

En otra ocasión, cuando asistieron a un evento de danza libre, Aarón fue con la intención de simplemente permitirse moverse al ritmo de la música sin preocuparse de que podría lucir extraño. La intención de Emilia fue no compararse con otras mujeres y recordar tantas veces como fuera necesario que ella estaba bien tal como era.

Además de crear intenciones frecuentemente, tanto individuales como compartidas, Emilia y Aarón a veces utilizan una simple visualización para mejorar su unión. "Cuando fuimos al evento de danza libre, donde todos bailan con todos, imaginamos un cordón dorado que nos conectaba todo el tiempo", explica Emilia. "Realmente me ayudó a sentir como si estuviésemos juntos, especialmente cuando Aarón estaba al otro extremo de la pista de baile".

Conéctense a través de sus experiencias

Hacer que la relación siga siendo vibrante mediante la exploración de los límites va más allá del mero hecho de divertirse juntos. Se trata de utilizar todo lo que experimentan para conectarse en niveles más profundos y significativos.

Comprométanse a aprovechar al máximo cada nueva experiencia. Tómense un momento de antemano para compartir sus temores e inquietudes así como cualquier sentimiento de expectativa o emoción.

Durante la exploración, hagan lo posible por abrirse el uno al otro. Cuanto más en contacto estén tú y tu pareja con lo que ambos están sintiendo, más se convertirá en una aventura compartida. Permítete experimentar por completo todo sentimiento de emoción, temor o nerviosismo, y encuentra maneras de comunicar lo que sientes. También debes ser receptivo a todo lo que surge para tu pareja. Debes *estar allí* con él o ella verdaderamente.

Claudia, profesora de universidad, asistió a un taller de tantra con su novia. En determinado momento durante uno de los ejercicios, le invadió un sentimiento de pánico.

"No estaba segura de qué hacer", recuerda Claudia. "Durante unos momentos intenté ocultarlo, pero fue algo abrumador. Cuando le confesé a Kathia que me sentía muy asustada, ella puso sus brazos alrededor de mí y me contuvo. En ese momento me sentí más cerca de ella que nunca".

Dale un poder superior a tus citas con el juego de la pídola

El juego de la pídola lleva las citas a un nuevo nivel. Mantén tus ojos abiertos para saber cuando tu pareja esté lista para romper con una limitación, reconocer un talento o superar un temor. Utiliza tu imaginación —y el amor que sientes por él o ella— para crear experiencias que los anime a crecer en esa área.

José había sido criado por un padre que tenía el hábito de hacer comentarios despectivos acerca de los hombres homosexuales. Intelectualmente, José no tenía problemas con la homosexualidad, pero aun así se sentía incómodo estando entre personas gay. Su novia, Estrella, sintió que él estaba listo para liberarse de ese malestar. Así que un día, por sugerencia de ella, fueron al vecindario gay de una ciudad cercana.

> Diseñar una cita basada en el juego de la pídola puede dar como resultado una aventura de unión increíble, ¡y una pareja muy agradecida!

José admite haber estado un poco nervioso cuando Estrella lo llevó a una tienda de moda para hombres. Pero antes de que se diera cuenta, los dos estaban riendo con las bromas del vendedor, y todos en la tienda le ofrecían sugerencias de moda.

"En retrospectiva, ser el centro de atención en una tienda de ropa para gays fue una experiencia bastante divertida", dice José. "Desde ese momento, mi incomodidad al estar con hombres gays simplemente se evaporó".

"Y se viste con mucho más estilo ahora", dice Estrella con una sonrisa.

Jugar a la pídola en la habitación

Cuando dos personas tienen una conexión física íntima y cercana y una total confianza entre ellos, pueden utilizar el juego de la pídola para ayudarse mutuamente a romper con las creencias negativas acerca de sus cuerpos y su sexualidad, incluso si esas creencias son antiguas. Este proceso de sanación emocional es profundamente personal y liberador. Abre a la pareja a experimentar aún más amor en su relación, tanto a través de la experiencia sanadora en sí misma como mediante la libertad que les ofrece para explorar y disfrutar de su conexión física a un nivel aún más profundo.

Estrella y José deseaban compartir una experiencia íntima sanadora como ésa con la esperanza de que otras parejas la consideraran inspiradora. José diseñó esta experiencia para ayudar a Estrella a liberarse de una creencia que había estado sosteniendo: que sus senos eran demasiado pequeños.

"Intelectualmente, Estrella sabía que era un desperdicio pasar más tiempo pensando de esa manera", dice José. "Pero no podía abandonar la idea de que la cantidad de busto que tenía era insuficiente".

Debido a que los cuatro elementos que hacen que el juego de la pídola sea posible —responsabilidad, confianza, voluntad y transparencia— estaban presente, el entorno era perfecto para que José ayudara a Estrella a dar ese salto. Así que un sábado, José le dijo a Estrella que iban a dedicar ese día a sus senos.

"Al principio se resistía", dice él. "Pero sabía que sería una experiencia positiva y de amor, y finalmente se confió a mí".

José comenzó la mañana llevando a Estrella al baño, donde abrió la ducha. Le pidió que entrara y se concentrara en disfrutar la sensación del agua cálida en su piel. Después de algunos minutos, comenzó a hablarle.

"Le recordé que para mí ella era hermosa tal como era. Luego hice que cerrara los ojos y pusiera sus manos sobre sus senos mientras el agua corría sobre ella. Le pedí que imaginara que nunca se había tocado el busto antes, y que notara lo suaves y sensuales que eran".

"Lo extraño fue que", recuerda Estrella, "mis senos en verdad se sentían diferentes, e incluso un poco más grandes de lo que los había imaginado".

Después de esto, José dice: "Le pedí que moviera las manos desde su cintura hacia arriba, que llegara a su busto, y que notara que complementaba perfectamente su cuerpo".

Más tarde, José habló con Estrella sobre la idea de que cuando ella comparaba sus senos con el tamaño ideal establecido por la sociedad, siempre se sentiría inadecuada. "Le recordé que aunque es cierto que a millones de personas les atraen los senos más grandes, es igualmente cierto que millones creen que un busto pequeño es sexy y atractivo. Así que si tenía que preocuparse sobre qué pensaban las otras personas, podría de igual forma concentrarse en aquéllos a quienes sí les atraen los senos más pequeños".

Una vez que Estrella pudo comenzar a reconocer que sus pechos eran hermosos a su manera, José hizo que ella eligiera una variedad de atuendos, desde casual hasta elegante, y que modelara con ellos. Con cada uno de ellos, le pidió que se mirara en el espejo y que encontrara algo atractivo con respecto a sus senos. También le indicó qué cosas llamaban su atención, como las curvas sexis que desaparecían al llegar a la tela.

"Él insistió con tanto amor", dice Estrella. "En un momento me di cuenta de que mis senos realmente son, bueno, geniales".

José tomó fotos de ella con cada atuendo. "Después de eso, por supuesto, ¡me hizo posar desnuda!" dice Estrella mientras se ríe.

Estar desnuda fue más desafiante para Estrella que estar vestida. "Pero cuando me vi juzgando nuevamente el tamaño de mis senos, los sostenía y cerraba los ojos, y me volvía a conectar con ese sentimiento de que eran geniales. Una vez que hice eso, pude ser yo misma frente a la cámara".

Más tarde, mientras Estrella se relajaba en la bañera, José creó una presentación de diapositivas con las fotos que había tomado. Cuando las miraron juntos, él le pidió que imaginara que estaba viendo a alguien que no conocía.

"Fue maravilloso", dice Estrella. "Cuando miraba las fotos como si fuese otra mujer, ¡me gustaban mucho más! Me di cuenta de que el rechazo que sentía hacia mí misma evitaba que viera como luzco realmente".

Esa noche, José le pidió a Estrella que se vistiera con algo que la hiciera sentir que sus senos lucían especialmente atractivos. Cuando salieron, él hizo que ella se concentrara en mantener el contacto con esa apreciación por su busto y en disfrutar lo verdaderamente hermosos que eran.

"Cuando José y yo hicimos el amor esa noche", dice Estrella, "fue como si tocara mis senos por primera vez. Ahora no sólo los disfrutaba de verdad, sino que también podía dejar que José los disfrutase".

Él agrega, "Yo también recibí un gran beneficio. Cuando hacemos el amor y toco sus senos, todo su cuerpo responde. Ella *quiere* que la toque. No puedo explicar el placer que eso me genera".

El daño del "no" predeterminado

La mayoría de las personas, si se les pregunta, dirán que tienen la mente abierta y son receptivos a probar cosas nuevas. La verdad, sin embargo, es que muchos de nosotros cargamos con una gran colección de creencias arraigadas acerca de lo que nos gusta y lo que no, y sobre cómo deben ser las cosas. Michael Naumer solía decirlo así: "La postura predeterminada de las personas en cuanto a la participación generalmente es no".

Kara, una agente de bienes raíces en sus cuarenta y pico, considera que es del tipo de personas que dice, "Sí, ¡hagámoslo!". Pero en su relación más reciente, que duró apenas cuatro semanas, el "no" se interpuso rápidamente en el camino.

Kara dice que el día que conoció a Pablo se conectaron a tantos niveles que esperaba que ése fuera el inicio de algo duradero. Luego Pablo la invitó a bailar salsa, algo que él disfrutaba todas las semanas desde hacía más de un año. Kara se sintió frustrada cuando comenzó el baile.

"Se suponía que debíamos cambiar de pareja en cada nuevo baile", dice ella. "Pero no me veía pasando todos los viernes allí para poder estar con Pablo sólo dos o tres veces. Fue algo definitorio. Una lástima, porque no hay muchos hombres que me interesen".

Kara, como muchos de nosotros, no tiene la mente tan abierta como ella imagina. Esencialmente ella le dio un "no" predeterminado a la pasión de Pablo por el baile. La rechazó sin investigar realmente si había un enfoque para esa situación que pudiera mejorar la relación, en lugar de terminarla.

Kara y Pablo podrían haber elegido tener sus propias actividades la mayoría de las noches de viernes, lo cual hubiera hecho que los sábados fueran mucho más especiales. Pero Kara desechó esta idea porque sentía que era importante que la pareja pasara la mayoría de las noches de fin de semana juntos. Si ella hubiese tenido en cuenta que esta creencia es simplemente una de muchas maneras posibles de abordar una relación, podría haber notado que no le hacía demasiado bien.

> El "no" predeterminado puede limitar severamente el potencial de una relación.

EXPLORAR LOS LÍMITES

Otro enfoque que podría haber probado Kara era encontrar la manera de obtener algo del baile de los viernes por la noche. El baile es un buen ejercicio, y a medida que mejorara, sin duda lo disfrutaría más. Como ella estaba allí sólo para ver a Pablo, no era muy gratificante. Pero si ella hubiese ido para crear una *experiencia* con Pablo —como conectarse con cada persona con quien bailaba y luego compartir con él lo más importante de esas interacciones— hubiese podido incluso empezar a esperar esa noche con ansias.

Las relaciones con potencial de alma gemela se presentan con mucha más frecuencia de lo que podemos imaginar. Pero a menudo no logramos reconocerlas porque tenemos muchas ideas inflexibles sobre cómo se supone que deben ser.

Mónica, estilista, describe su relación con su último novio, con quien vivió durante dos años: "Jacinto era maravilloso de muchas maneras. Pero roncaba todas las noches, y yo tengo el sueño muy ligero. El doctor dijo que no se podía hacer nada con el problema de Jacinto. Esto simplemente no iba a funcionar para mí. Tengo que poder dormir con mi novio y descansar todo lo que necesito. Así que finalmente tuve que mudarme. Fue una lástima, porque éramos compatibles en todos los otros aspectos.

Algunas semanas después de terminar la relación, Mónica conoció a Alicia. Alicia también tenía el sueño muy liviano y, según pudo saber Mónica, vivía con un hombre que roncaba todas las noches. Mónica estaba ansiosa de escuchar cómo manejaba la situación.

Alicia le explicó que ella creía que podía entrenarse para ignorar el ronquido de su novio. Cada vez que la despertaba, recordaba que era sólo su amor que dormía a su lado. Después de algunas semanas, dijo Alicia, pudo dormir toda la noche. Aún se despertaba cuando su hija caminaba por la habitación que está al otro lado del pasillo, pero los ronquidos de su novio ya no le molestaban.

Después de escuchar la historia de Alicia, Mónica dice: "Claro que desearía haber pensado en esta posibilidad en aquel momento."

Incluso si la idea de Alicia no funcionaba para Mónica, si ella hubiese estado más dispuesta y receptiva a encontrar un enfoque que sí funcionara, bien podría haber descubierto alguno. Podría haber experimentado con tapones para los oídos o con una máquina de sonido blanco. Podría haber ayudado a Jacinto a encontrar otro doctor para obtener una segunda opinión. O podría haber expandido su concepto de una relación íntima para incluir la idea de que dormir juntos toda la noche no es un componente crítico de estar juntos. *Siempre hay otras posibilidades, cuando estamos abiertos a verlas.*

La relación como un sí constante

Todos sentimos pasión por algo. Algunos sentimos felicidad plena cuando nos reímos con amigos, cocinamos, o estamos en la naturaleza. Algunos nos sentimos más vivos cuando hacemos algo físico, como nadar, correr, bailar o escalar montañas. Tal vez tenemos pasión por la jardinería, la fotografía, las películas clásicas, la navegación o la poesía. O es posible que encontremos la dicha más grande en rituales simples, como meditar, sacar a pasear al perro o sentarnos a tomar una taza de té en silencio.

Uno de los aspectos más gratificantes de las relaciones es la oportunidad constante de acceder y explorar las pasiones del otro. Aunque algunas personas abordan los intereses de sus parejas con la actitud de sacarles provecho, otros los rechazan con desinterés: "Sí, a él le gusta mucho hacer viajes como mochilero, pero es algo que no me emociona". Si nunca te has tomado el tiempo para experimentar y apreciar verdaderamente algo que apasiona a tu pareja, tienes la inmensa oportunidad de enriquecer tu relación. Eso se debe a que una de las maneras más fáciles y gratificantes de conectarse con alguien es a través de aquello que le inspira, especialmente cuando le pides que sea tu guía en esa experiencia.

Aunque los intereses de otra persona podrían no parecerte emocionantes, la pasión que experimentan a través de ellos es real.

Eso no significa que debes resignarte a recorrer tiendas de antigüedades o a jugar al golf todos los fines de semana. Ciertamente no significa traspasar tus propios límites con respecto a lo que es saludable o peligroso para ti. Pero *sí* significa aceptar los intereses de tu pareja de vez en cuando, abandonando tu resistencia y tus ideas preconcebidas. Significa explorar con la mente abierta. Significa saber que *si tu pareja experimenta pasión con esa actividad, también hay lugar para que tú la experimentes*.

Aarón creció viendo fútbol, primero con su papá y más tarde con sus amigos de la universidad. Cuando conoció a Emilia, ella no sabía nada de ese deporte y nunca había siquiera visto un partido.

"Me gustan los deportes", dice ella. "Pero ser espectadora es algo que nunca me interesó. Me parece una idea sin sentido".

Cuando Emilia le pidió a Aarón que le ayudara a apreciar lo que él obtenía al mirar un juego, él se entusiasmó mucho: "¡A ninguna de mis novias anteriores le había interesado!" Así que un domingo hicieron una cita para mirar el partido juntos. Aarón se concentró en compartir con Emilia todo lo que le parecía intrigante acerca de ese deporte. Emilia se esforzó por acceder a la emoción que tenía Aarón y por abandonar cualquier pensamiento negativo que entrase en su cabeza acerca del juego.

Sin importar cuál sea la pasión de tu pareja, hay algo qué descubrir en la pasión en *sí misma*.

"Él me contó sobre la sensación de expectativa que surge antes de un partido importante", dice Emilia, "y describió cómo sigue la acción sin pensar demasiado en ello, sintiendo simplemente la agilidad y la fortaleza de estos atletas con un estado físico increíble. Después de un tiempo, yo también pude sentir eso. Pude realmente apreciar que mirar un partido es para él un escape después de estar 'enchufado' toda la semana".

Una vez que eliges experimentar la pasión de tu pareja, comprométete contigo mismo a aprovecharlo todo lo que puedas. Esfuérzate por abandonar las expectativas sobre cómo será. Recuerda, las creencias que sostengas tendrán una fuerte influencia sobre tu experiencia. Así que estate alerta si aparecen pensamientos que digan que lo que estás haciendo es tonto, aburrido o una pérdida de tiempo: "No veo cómo podría emocionarme mucho esta muestra de arte". "Ya probé esto antes. No me gustó en ese momento; ¿por qué habría de gustarme ahora?". Si abordas una experiencia con ideas como éstas, tu mente encontrará evidencias que las respalden, *y producirás exactamente la experiencia que esperas.*

Cuando compartas tu pasión, sé el guía personal de tu pareja para vivir esa experiencia. Abandona los pensamientos del tipo "Ella no está realmente interesada en esto". Concéntrate en encontrar maneras de expresar lo que estás sintiendo, lo que aprecias, y lo que te intriga. Agradece la voluntad de tu pareja de experimentar esta actividad o interés contigo, ya sea que elijan volver a hacerlo o no.

Una de las actividades favoritas de Emilia es probar nuevos tipos de cocina. "Sin embargo, cuando Aarón y yo nos conocimos, él prefería las hamburguesas y la pizza", dice ella. Para animarlo a ampliar su paladar, hicieron un juego donde probaban comidas al mismo tiempo. Emilia trataba de describir con palabras exactamente lo que disfrutaba de cada una —la textura, un determinado sabor o un sentimiento que evocaba la comida— y Aarón buscaba lo que ella describía.

"Me di cuenta de que lo que ella experimenta con cualquier comida en particular es tan real como lo que yo experimento", dice Aarón, "así que aprendí a abandonar mi reacción automática de 'no me gusta'. Ahora me gusta casi todo lo que le gusta a ella".

> Una relación de alma gemela no se centra tanto en *lo que haces,* sino en el *espíritu* con el que lo haces.

A medida que practicas vigilar tus "no predeterminados" y transformarlos en un "sí constante", podrías sorprenderte al descubrir que realmente puedes disfrutar de cosas que antes pensabas que no podías. Pronto podrías incluso terminar preguntándote: "¿Qué cosas geniales voy a obtener si digo sí esta vez?"

Explorar los límites en la vida cotidiana

Explorar los límites va más allá de llevar un espíritu aventurero a la noche de cita. Abarca también todos esos momentos que están entre las noches de cita, cuando simplemente estás viviendo tu vida: cuidando a los niños, pagar las facturas o preparar la cena. Se trata de invitar a esa energía de unión y amor a todas las facetas de su vida juntos, y permitir que *todas* sus experiencias, desde las rutinarias hasta las desafiantes, aporten algo positivo a su relación.

Esta idea, de hecho, es el secreto más grande acerca de cómo mantener la experiencia del alma gemela viva, un secreto que puede resumirse en una oración:

Tu relación *estará* completamente viva cuando exploren constantemente lo que la hace *sentirse* viva.

Explorar los límites se trata de abordar todo —incluso aquellas cosas con las que te topas todos los días— como una oportunidad para la intimidad y el crecimiento. Se trata de ser receptivos e incluso buscar maneras nuevas de conectarse a medida que se expanden ustedes y su relación. Fundamentalmente, explorar los límites tiene que ver con cultivar un amor por la vida.

12

Conectarse a nivel del alma

La forma en que eliges relacionarte e interactuar con las personas y las situaciones que encuentras todos los días afecta profundamente las experiencias que tendrás. Cada una de las cinco prácticas que se presentan en este capítulo es una elección esencial que puedes tomar con respecto a cómo encarar tu vida. Estas cinco elecciones —que son la base de todas las ideas de este libro— son la parte central de la conexión con otro ser humano a un nivel profundamente íntimo. Cuanto más incorpores estas prácticas a tu vida, más armoniosas y satisfactorias serán tus relaciones.

Puede que ya te hayas dado cuenta de que todas las ideas que contiene este libro están basadas en la simple verdad de que *nosotros elegimos quién ser en nuestras relaciones*. Ya sea la manera en que abordamos las expectativas, el resentimiento o los celos, o la manera como tratamos a nuestra pareja o a nosotros mismos, las experiencias que vivimos en nuestra relación se forman en gran medida por las elecciones que hacemos a cada momento.

Las prácticas que siguen son cinco maneras sencillas de responder a cualquier cosa que se presente en tu vida y en tus relaciones. Estas elecciones básicas tienen el poder de transformar todas las facetas de tu vida. A medida que apliques estas prácticas más a menudo, descubrirás que hay muchas oportunidades a tu alrededor para conectarse con los demás en un nivel profundamente íntimo, de alma a alma.

La descripción de cada una de estas prácticas incluye sugerencias sobre cómo utilizarlas con otra persona. Puede ser tu pareja, un amigo cercano o incluso un extraño que está dispuesto a arriesgarse y explorarlas contigo.

Práctica 1: Aceptar "lo que es"

Donde sea que estés, sin importar lo que estés haciendo, tienes la opción de aceptar "lo que es" o resistirte ello.

Aceptar "lo que es" en este momento no significa necesariamente que estés de acuerdo o que justifiques una situación particular, o que abandones tu capacidad para mejorarla. De hecho, si no te quedas atrapado en oponer resistencia, estarás en una posición mucho mejor para evaluar y comprender la situación, y decidir si responder o no a ella y cómo hacerlo. Cualquier acción que decidas tomar estará guiada por la sabiduría en lugar de ser motivada por emociones como la molestia, la frustración o el enojo.

> **Las acciones y las decisiones que tomamos desde un lugar de aceptación serán más sabias que las que podemos tomar desde un lugar de resistencia.**

De la misma manera, ser receptivo, no tener prejuicios y tener la mente abierta hacia los demás no significa necesariamente que estés de acuerdo con sus opiniones o apruebes lo que ellos hacen. *Aceptar a otra persona simplemente significa que puedes identificar y reconocer que así es como ella es en este momento.*

¿Por qué es tan valioso cultivar una actitud de aceptación en una relación? Porque *la aceptación es lo que hace que la intimidad sea posible.* Cuando no desperdicies tu tiempo y energía limitados en oponer resistencia, estarás más disponible para una conexión auténtica y de corazón a corazón.

Tomar consciencia de tu resistencia

Aunque no siempre es algo fácil de hacer, puedes aprender a reconocer cuando comienzas a oponer resistencia, ya sea hacia las ideas, las situaciones, los eventos o las personas.

Cada vez que te escuches a ti mismo quejándote, puedes estar seguro de que estás oponiendo resistencia a algo o a alguien, ya sea a tu familia política, a tus vecinos o a tu trabajo. Ocurre lo mismo cuando expresas algún tipo de juicio de valor, criticas a alguien o repartes culpas, ya sea en voz alta o mentalmente. Cuando opones resistencia a ti mismo, esa voz persistente de tu crítico interior estará presente en sentimientos de inseguridad o duda.

> Cuando encaras la vida desde un lugar de aceptación, naturalmente te tratas a ti mismo y a los demás con más amor, compasión y gratitud.

Incluso los sentimientos leves de ansiedad, molestia e impaciencia son a menudo una señal de que no estás aceptando lo que es. Además, cualquier resentimiento al que te estés aferrando es nada más que tu resistencia constante a algo que ocurrió en el pasado.

El simple hecho de notar que estás oponiendo resistencia interrumpirá los pensamientos que originan lo que sientes. Esto pondrá un poco de distancia entre la situación y tú; y te permitirá dar un paso atrás y mirar lo que estás haciendo. Puede que entonces tengas el conocimiento suficiente para preguntarte: *¿Cuáles son los posibles beneficios de aceptar aquello a lo que actualmente me estoy oponiendo?* Esta pregunta transformadora te ayudará a avanzar más allá de cualquier perspectiva restrictiva. A medida que tu resistencia comienza a desvanecerse, tu perspectiva se expandirá y verás posibilidades que antes no podías ver para interpretar y responder a esa situación.

La aceptación: Un camino directo a la verdadera intimidad

Practicar conscientemente la aceptación con otra persona puede ser una experiencia poderosa, que abre el corazón. Esta práctica tiene muchísimo valor para entrar en una situación que posiblemente dispare sentimientos de resistencia en uno de ustedes o en ambos, por ejemplo, al visitar un lugar turístico muy concurrido, manejar cuando hay mucho tránsito o hacer las tareas domésticas.

Por ejemplo, si estás en una fiesta u otro evento social con un amigo, ambos podrían decidir vigilar las reacciones que tienen ante las personas que conocen. Observen si se presentan opiniones o juicios de valor negativos en cada uno, y compartan con el otro lo que estén obteniendo a partir de esa experiencia.

Si estás en una relación, podrían intentar usar este enfoque si uno o los dos tiende a molestarse o a exasperarse cuando visitan a la familia. En la próxima visita, lleguen con la intención de aceptar a todos tal cual son: lo que dicen, lo que hacen y cómo lo hacen. Esto significa que no te molestarás cuando el tío Miguel cuente las mismas anécdotas que has escuchado durante años o cuando la tía Kathia te pregunte constantemente si quieres más postre.

Aportar ese conocimiento compartido a la situación los recompensará dándoles una experiencia con los familiares mucho más agradable. Tú y tu pareja no sólo se sentirán más cerca de ellos, sino que además, se sentirán más cerca uno del otro, pues se conectarán en la gratitud mutua de tener a estas personas en sus vidas. Es posible incluso que compartan una sonrisa cuando la tía Kathia pregunte una vez más si quieres otra porción de pastel.

Práctica 2: Estar aquí, ahora

A cada momento, tienes la opción de estar aquí y ahora o de estar en el pasado o en el futuro. Cuando pasas tu tiempo sintiéndote culpable o resentido sobre cosas que ocurrieron en el pasado, o imaginando o preocupándote por lo que pueda suceder en el futuro, simplemente no puedes experimentar plenamente lo que está ocurriendo ahora.

Notar cuando no estás en el presente

¿Qué significa realmente estar en el presente o en el momento? Significa poner tu atención en lo que estás experimentando *ahora mismo,* en lugar de permitir que tu mente sea controlada por pensamientos sobre lo que ocurrió ayer o lo que podría pasar mañana. Estar presente significa saborear verdaderamente la comida que estás ingiriendo, escuchar verdaderamente la música que estás oyendo y experimentar realmente a la persona con la que estás. Significa comprometerte plenamente con lo que estás haciendo.

> El regalo más preciado que puedes dar es estar presente.

Si observas tu estado emocional, puedes detectar cuando no estás en el presente. Una señal de que estás viviendo en el pasado son los sentimientos de culpa, arrepentimiento, vergüenza o resentimiento. La preocupación es un indicador de que estás pasando tiempo en un futuro imaginario. Cuando aparecen pensamientos improductivos o que generan ansiedad sobre el pasado o el futuro, ponlos a un lado amablemente y reenfoca tu atención hacia lo que está sucediendo ahora. Para la mayoría de nosotros, esto es algo que debemos practicar durante toda la vida, algo en lo que nunca mejoraremos a pesar del paso del tiempo.

Otro indicador de que no estás en el presente es cuando tu relación comienza a ser aburrida y sin vida. Puede ser una señal de que te estás relacionando con tu pareja a través de tus *ideas* sobre ella, en lugar de verla como realmente *es* en este momento. Para que tu relación continúe sintiéndose llena de vida, debes mantenerte abierto a quien es tu pareja en este momento.

Estar aquí y ahora, juntos

Practicar estar en el presente con un amigo o con tu ser querido instantáneamente hará que el tiempo que estén juntos sea más valioso y auténtico. Pueden salir a cenar con la intención de mantenerse en el presente tanto tiempo como sea posible durante una hora o dos. En lugar de pensar o hablar sobre el pasado o el futuro, simplemente estén con el otro. Asimilen la atmósfera y lo que los rodea. Véanse realmente uno al otro cuando se miran, escúchense cuando hablan y siéntanse cuando se tocan. Saboreen por completo lo que están comiendo. Si notan que se están desviando hacia pensamientos de resentimiento o preocupación, abandónenlos y vuelvan a dirigir la atención al presente.

Si alguno de los dos pasa a hablar del pasado o del futuro, el otro puede amablemente retornar la conversación al presente. Podrían incluso acordar por anticipado utilizar una señal como un delicado recordatorio hacia el otro, por ejemplo apretándole la mano.

Cuando hagan el amor, ayudarse mutuamente a estar en el presente hará que la experiencia sea mucho más intensa. Si te distraes con pensamientos sobre lo que harás al día siguiente, tu pareja podría decirte: "Pon tu atención en la sensación de mis manos sobre tu piel, y deja que tus pensamientos se diluyan en lo profundo de tu mente".

Práctica 3: Partir de un lugar de amor

Casi todo el rango de emociones humanas se puede clasificar en dos categorías: aquellas que se generan en un estado de temor, y aquellas que se generan en un estado de amor. A cada momento, podemos elegir partir de uno u otro de estos dos estados.

La duda, la ansiedad, la culpa, las quejas y la ira son todas formas de temor, como así también los sentimientos de comparación, ineptitud e inferioridad. El temor se manifiesta como expectativa, resentimiento y celos. El miedo es el que nos obliga a ser engañosos, controladores, críticos, prejuiciosos, manipuladores, amenazantes o posesivos. Cuando partimos del temor, nos sentimos menos conectados con las otras personas.

> El temor es lo único que siempre evita que dos personas se unan.

El amor, por otra parte, se manifiesta como comprensión, compasión, integridad y honestidad. Es el amor lo que nos obliga a ser genuinos, generosos, receptivos, amables y tolerantes. Nos sentimos más conectados con otras personas cuando partimos del amor.

Es posible que recuerdes que el modelo convencional de relaciones está basado en gran medida en el miedo. Tenemos miedo de perder lo que tenemos, vemos a ciertas personas y situaciones como potenciales amenazas al tiempo que tratamos de asegurar y proteger nuestra relación para evitar que cambie. Como resultado, nuestra relación se sentirá cada vez más cerrada, o restringida a medida que pasa el tiempo.

En contraposición, el modelo de relaciones de almas gemelas se basa en la libertad, que es una de las muchas manifestaciones del amor. Cuando abordamos nuestras relaciones desde un lugar de amor, recibimos los cambios y los desafíos con alegría cuando se presentan.

Buscamos maneras para que todo lo que suceda contribuya a nuestra experiencia. Como consecuencia, nuestra relación se siente más viva y expansiva con el tiempo.

La verdadera intimidad nace del amor, no del miedo. Cuando partes del temor, mantienes ocultas ciertas partes de ti mismo. Cuando partes del amor, *quieres* ser vulnerable, porque sabes que la voluntad de ser vulnerable es fundamental para conseguir una verdadera intimidad.

Para hacer un cambio desde el temor al amor en cualquier circunstancia, el primer paso es desarrollar la consciencia de uno mismo necesaria para notar cuando partes del miedo. Si te sientes ansioso, preocupado o aburrido, puedes estar seguro de que estás actuando desde un estado de miedo. Reconocer que estás partiendo del miedo puede brindarte el espacio que necesitas para hacerte esta pregunta transformadora: *¿Cómo sería si ahora mismo partiera del amor?* Esta indagación a ti mismo te ayudará a ver maneras de abordar la situación desde un lugar más efectivo y amoroso.

Únanse para disolver sus temores

Tú y un amigo cercano o tu pareja pueden practicar hacer el cambio del temor al amor en cualquier momento que tengan algunos minutos para estar juntos. Tómese un tiempo para identificar cualquier cosa que reconozcan que hayan estado abordando desde una perspectiva de temor. Si es difícil para ti pensar en algo así, ten en cuenta qué cosas últimamente te han hecho sentir estresado, preocupado, ansioso o enojado.

Compartan uno con el otro los miedos que han identificado. Luego hablen sobre cómo sería encarar cada situación desde un lugar de amor en vez de un lugar de miedo. Sean receptivos en tanto los dos proponen posibilidades. Tu pareja en este ejercicio puede ser de mucha ayuda, ya que él o ella puede tener un buen indicio sobre ti y tus miedos, sin quedar atrapados en el miedo mismo.

> El simple hecho de compartir tus temores puede ser sanador, porque entonces ya no estarás solo con ellos.

A medida que exploran los distintos enfoques, es probable que experimenten una bienvenida sensación de alivio. También es posible que descubran que ya se ha comenzado a dar un cambio en esta área de sus vidas.

Práctica 4: Saber que todos estamos conectados

A cada momento, tenemos la opción de vernos a nosotros mismos separados de las demás personas o reconocer que todos estamos conectados.

Algunas investigaciones en el campo de la física cuántica han revelado que, en el nivel más básico, todos estamos interconectados. Todo lo que existe se compone de la misma energía, y cada elección que hagamos nos afectará a nosotros mismos y a los demás de maneras que ni siquiera podemos comenzar a predecir.

A pesar de estar interconectados, la mayor parte del tiempo actuamos como si estuviésemos totalmente separados unos de otros.

Tenemos la tendencia a ver automáticamente a las otras personas como competidores en lugar de compañeros. Los evaluamos, los juzgamos y los criticamos, en lugar de estar abiertos a quiénes son. Al mismo tiempo, escondemos quiénes *somos* realmente en lugar de compartir abierta y honestamente nuestro ser, incluso con las personas más cercanas a nosotros.

Cuanto más reconocemos la verdad de que todos estamos conectados, más gratificante es la vida. Debido a que sabemos que nuestras acciones pueden y van a afectar a otras personas, nos hacemos más responsables de nuestro comportamiento. Nos volvemos más compasivos, más cuidadosos y estamos más dispuestos a perdonar. Nos acercamos a los demás con receptividad y compartimos nuestro ser auténticamente. Nos sentimos cada vez más conectados a aquellos que nos rodean y cada vez tenemos más pasión por nuestras propias vidas.

Siente tu conexión con todos

Para sentir que estás interconectado con todas las demás personas, comienza con tu conexión con una sola persona y comienza a crecer desde allí. Empieza por pensar en alguien a quien conozcas bien, como un amigo cercano. Luego imagina a toda la gente con la que estás conectado a través de esta persona: sus amigos, sus hermanos y las otras personas a quienes conociste gracias a tu amigo. Contempla esta red de conexiones por unos momentos.

> Da un paseo con la intención de sentir tu conexión con todo lo que te rodea.

Ahora ten en cuenta que todas las personas a las que estás conectado a través de este amigo a su vez están conectadas con muchas otras personas. Visualiza cómo esta red de conexiones se expande hacia afuera hasta que abarca a casi todas las personas del planeta. Siente lo que significa saber que estás conectado de alguna forma a casi todos los otros seres humanos de la Tierra.

Conéctense a través de sus ojos

Mirar a otra persona a los ojos no es solamente una noción romántica. Es además una práctica poderosa para experimentar una sensación de conexión profundamente íntima.

Puedes hacer esto con tu pareja, con un amigo cercano o incluso con un extraño si ambos se sienten cómodos y seguros. Siéntense juntos en un lugar tranquilo, cálido y confortable. Tómense de las manos si lo desean, y comiencen a mirarse a los ojos. Abandonen cualquier esfuerzo y simplemente permítanse mirarse cómodamente.

Mientras miras profundamente en los ojos de la otra persona, libera todo pensamiento que se presente. Incluso si tienes pensamientos nuevos que vienen a ocupar su lugar, simplemente abandona cada uno de ellos y vuelve a enfocar tu atención en los ojos de tu pareja. Permítete experimentar cualquier sentimiento que surja —incomodidad, tristeza, pérdida, alegría o incluso sentirte tonto— sin intentar analizarlo.

Ábrete a que esta persona pueda verte por completo y a verla de una manera totalmente nueva. Si te

> Mirarse a los ojos es un viaje interno que comienza a disolver la sensación de separación entre tú y otra persona.

permites relajarte plenamente, notarás que algo comienza a cambiar. Los problemas que pudieran haber existido, o los sentimientos de incomodidad que tenías cuando comenzaron, empiezan a desaparecer. Es posible que experimenten una sensación mucho más profunda del otro, e incluso tal vez un sentimiento aún más intenso, cálido y satisfactorio que podría llamarse amor puro.

Conéctense a través del abrazo

Otra manera de sentir una conexión con otro ser humano es a través de un abrazo en el que ambos estén completamente presentes. En este tipo de abrazo, que puede durar varios minutos, o incluso más, te permites experimentar verdaderamente lo que es abrazar a la otra persona y que ella te abrace a ti.

A medida que comiences a relajarte en el abrazo, permite que se alejen los pensamientos que surjan, así como cualquier sentimiento de duda o resistencia. Concéntrate en las partes de tu cuerpo que están cargadas de tensión, y

> Cuanto más te relajes en el abrazo, más podrás sentir la interconexión.

relájalas conscientemente a medida que exhalas. Hacer esto alentará a tu pareja a relajarse aún más, lo que a su vez conducirá tu cuerpo a un estado de relajación más profundo. Nota el ritmo de la respiración de tu pareja y permite que tu propia respiración se sincronice con ella. A medida que continúan soltándose en el otro, es posible que sientas que los dos están casi fusionándose en uno solo.

Práctica 5: Valora cada momento

A cada momento, tenemos la opción de valorar lo que la vida nos brinda, sentir autocomplacencia o incluso quejarnos de ello.

No es sorpresa que cuanta más gratitud sentimos por lo que tenemos, más felices, saludables y satisfechos con nuestras vidas y relaciones nos sentimos. Sin embargo, muchos tenemos el hábito de analizar constantemente "lo que está mal" y concentrarnos en ello. Siempre estamos buscando aquello que no está a la altura de las ideas que tenemos sobre cómo deben ser las cosas.

Tomar la decisión de notar "lo que está bien" en lugar de "lo que está mal" es algo que puedes hacer por *ti mismo*. Porque *en el momento en que cambias de la queja o la autocomplacencia a la gratitud, instantáneamente experimentas más armonía y amor en tu vida.*

¿Cómo puedes aumentar tu valoración de lo que la vida te brinda? Concentrándote más a menudo en apreciar lo que sí tienes en lugar de quejarte por lo que te falta. Dándote cuenta de que las cosas podrían ser peores. Reconociendo que el tiempo que pasas con tus seres queridos es precioso y es limitado. Sabiendo que incluso en circunstancias difíciles, puedes encontrar algo que valorar, incluso si es únicamente el hecho de que respiras.

> Cuando expresas tu valoración reconociendo a los demás, estás dándoles el regalo de tu gratitud.

Valora los momentos juntos

La próxima vez que des un paseo con tu pareja o con un amigo, hazlo con la idea de compartir uno con el otro los pequeños milagros de todos los días que puedan encontrar: una flor, la risa, las nubes del cielo, la forma en que el sol brilla a través de las hojas.

Mientras caminan, concéntrense en disfrutar del simple placer de estar juntos. Valoren el hecho de que sin importar dónde han estado o hacia dónde se dirigen, esta persona está aquí, experimentado la vida contigo, en este momento.

La conexión de alma a alma no es algo que tienes que esperar. Tú tienes el potencial para crearla en cada encuentro a través de las cosas que eliges todos los días. Cuanto más incorpores las cinco prácticas de este capítulo a tu vida, más felices y gratificantes serán todas tus relaciones. A medida que tomes estas decisiones de manera consciente y constante con otra persona, la conexión que sienten sin duda se hará más profunda. Cuando aprendes a valorarte y a aceptarte verdaderamente a ti mismo, a las otras personas y al mundo en todo momento, tendrás una experiencia de alma gemela todo el tiempo.

Técnicas y preguntas transformadoras

Técnicas para crear tu experiencia del alma gemela
Transformar tus creencias restrictivas 18–23
Silencia tu voz autocrítica 32–35
Valora cada parte 37–39
Mírate realmente, sin críticas 39–40
Piensa en ti como una posible manera de ser hermoso 41–43
Procesar y liberar las emociones reprimidas 54–56
Tomar consciencia de tu ego 56–60
Abandonar las adicciones y los hábitos no saludables 60–63
Libérate del resentimiento 64–72
Tomar consciencia de tu resistencia 259–260
Notar cuando no estás en el presente 261–262
Siente tu conexión con todos 267–268

Técnicas para mantener viva tu experiencia del alma gemela
Crear un contexto para tu relación 128–129
Despejar el espacio deshaciéndote de los resentimientos 136–141
Expandirte para incluir y hacer que eso contribuya 146–148
Convertir las expectativas en invitaciones 171–176
Transformar los celos en apreciación 199–201

Canalizar los celos en deseo 201–202
Conéctense a través de sus atracciones 206–208
Conéctense a través de las experiencias previas 208–211
Practicar juntos la aceptación 260–261
Estar aquí y ahora, juntos 263
Únanse para disolver sus temores 265–266
Conéctense a través de sus ojos 268–269
Conéctense a través del abrazo 269
Valora los momentos juntos 271

Preguntas transformadoras

¿De qué manera esta creencia impidió que me sintiera cómodo en el mundo? ¿De qué forma ha limitado mi capacidad para conectarme con otras personas? ¿De qué manera mi experiencia sería diferente si me liberara de esta creencia? 21

¿En qué me ha ayudado esta autocrítica? ¿Merezco criticarme de esta manera? ¿Este comportamiento podría contribuir a mi felicidad y mi salud? ¿Este comportamiento hace que esté disponible para experimentar el tipo de relaciones que me gustaría? 33

¿Qué puedo aprender de esto? 78–79

¿Cuál es el mejor uso que le puedo dar a esta experiencia? ¿Qué oportunidades puede traerme esta experiencia? 82–83

¿Qué posibilidades hay? 85

¿Hay algo que me gustaría tener más en esta relación, y de lo que puedo responsabilizarme por conseguir? ¿Hay algo que parezca estar faltando y que yo pueda aportar a esta relación con el poder de mi intención? 128

¿Hay algo que nos apasione a los dos y que podamos ofrecer al mundo, a la vez que mejoramos nuestra propia relación? 132

¿Mantener este resentimiento me ayudará a crear una relación amorosa y unida? ¿Estoy dispuesto a aceptar lo que me ha causado resentimiento con el fin de tener una experiencia de relación más satisfactoria? ¿Es posible que otra persona pudiera aceptar fácilmente este aspecto de mi pareja? 140

¿Qué puedo apreciar de tener esto en mi vida? ¿Qué oportunidad me presenta esta situación? ¿De qué manera podría esta situación en verdad contribuir a mi relación? 147–148

¿Qué podemos apreciar de tener esto en nuestras vidas? ¿Qué oportunidades nos ofrece esta situación? ¿Cómo podría contribuir esto a nuestra relación? 151

¿Es ésta la relación en la que quiero estar en este momento? Si lo es, ¿qué tipo de persona quiero ser como parte de ella? 198

¿Cuáles son los posibles beneficios de aceptar aquello a lo que actualmente me estoy oponiendo? 260

¿Cómo sería si ahora mismo partiera del amor? 265

Preguntas para discusión

Introducción
¿Con quién te has sentido conectado a nivel del alma, y cómo describirías esa conexión? ¿Cuáles son tus creencias con respecto a las almas gemelas? ¿Qué cualidades crees que te ayudarán a atraer a un alma gemela? ¿Qué cosas crees que podrían mantener viva la experiencia del alma gemela?

Capítulo 1: Cambiar tu mentalidad
¿En qué maneras notaste que tus creencias influyen en tu experiencia? ¿Cuáles son tus creencias fundamentales y cómo han afectado tu vida? ¿Cómo han afectado tus creencias a tus relaciones? ¿Qué creencias restrictivas has abandonado y cómo lograste liberarte de ellas? ¿Cómo te afectó abandonar esas creencias? ¿Qué otras creencias restrictivas estás listo para abandonar?

Capítulo 2: Amar tu cuerpo
¿Cómo te han afectado tus sentimientos y creencias con respecto a tu cuerpo? ¿De qué manera han afectado tus relaciones? ¿De qué manera podrías tener más tolerancia, aprecio, cuidado y amor hacia tu cuerpo?

PREGUNTAS PARA DISCUSIÓN

Capítulo 3: Aligerar tu equipaje

¿De qué manera has intentado resolver los monólogos internos de tus carencias o los sentimientos de baja autoestima, y qué fue lo más efectivo? ¿De qué formas has evitado la intimidad contigo mismo? ¿Qué adicciones o malos hábitos estás listo para abandonar? ¿Cuáles son tus dones especiales, y cómo los aceptas y los utilizas? ¿Qué resentimientos estás listo para liberar?

Capítulo 4: Aumentar tu potencial de alma gemela

¿De qué manera encaras la vida con un espíritu de descubrimiento? ¿Qué cosas aceptas de la vida que otros podrían rechazar y qué es lo que obtienes al aceptarlas? ¿Qué regalo o mejor posibilidad has descubierto en una circunstancia o situación difícil?

Capítulo 5: Tener un invitado en tu vida

¿Qué significa para ti tratar a tu pareja como un invitado en tu vida? ¿En qué lugar te reconoces a ti mismo en las descripciones del modelo de relación convencional y el modelo de las almas gemelas? ¿Cómo te sentirías si estuvieras en una relación que fuera basada en el modelo de almas gemelas? ¿De qué manera practicas la gratitud en tu vida?

Capítulo 6: Crear un contexto

¿Qué requerimientos tienes para una relación? ¿Qué contexto, consciente o inconsciente, has tenido para tus relaciones? ¿Qué contexto podrías desear para tus relaciones?

Capítulo 7: Generar un espacio

Cuando estabas creciendo, ¿te sentías seguro siendo tú mismo? ¿Qué crees que demandaría crear un espacio seguro y amoroso en tu relación íntima? ¿De qué manera el resentimiento ha afectado tus relaciones? En el pasado, ¿en qué áreas te expandiste para incluir más? ¿Qué podrías incluir si te expandes ahora?

Capítulo 8: Convertir las expectativas en invitaciones

¿De qué manera has sido más abierto al inicio de una relación? ¿De qué maneras te abriste a medida que la relación creció? ¿Qué expectativas has tenido con respecto a tus parejas, y qué expectativas han tenido ellas con respecto a ti? ¿De qué manera notaste que las expectativas terminaron una relación? ¿Puedes identificar un deseo auténtico detrás de una de tus expectativas y encontrar la manera de expresarlo como una invitación?

Capítulo 9: Transformar la energía de los celos

¿De qué manera los celos afectaron tus relaciones? ¿De qué maneras abordaste los celos, ya sean tuyos o de tu pareja? ¿De qué manera podrían los celos contribuir a tu relación?

Capítulo 10: Jugar a la pídola

¿De qué manera tú y tu pareja han actuado como entrenador personal, maestro espiritual o animador del otro? ¿De qué forma la responsabilidad, la confianza, la voluntad y la transparencia hacen que sea posible jugar a la pídola? ¿De qué manera jugaste a la pídola con las personas de tu vida? ¿De qué manera jugar a la pídola podría mejorar la experiencia de tu relación con tu pareja?

Capítulo 11: Explorar los límites

¿De qué manera has colaborado para que tus relaciones se sientan más vivas? ¿Qué ideas para vivir experiencias en tus citas te emocionan? ¿Cuáles te ponen nervioso? ¿De qué forma le diste un "no" predeterminado a la pasión de otra persona? ¿De qué manera tu experiencia podría haber sido diferente si hubieses dicho "sí"? ¿Qué significa para ti una "relación como un sí constante"?

Capítulo 12: Conectarse a nivel del alma

¿De qué manera practicas aceptar "lo que es"? ¿De qué manera practicas estar aquí, ahora? ¿De qué manera practicas partir de un lugar de amor? ¿De qué manera practicas saber que todos estamos conectados? ¿De qué manera practicas la gratitud?

Agradecimientos

Estaremos eternamente agradecidos hacia las muchas almas hermosas que nos han alentado, inspirado, educado y apoyado durante este proceso de abrir el corazón.

A Lana Apple, por tu voluntad para escuchar —¡y contribuir!— conversaciones interminables sobre relaciones. Gracias LJ por entretenernos y mantenernos en puntas de pie y llenos de vitaminas.

A Sarah Dunn, por tener tu mente y tu corazón abiertos, y por sentirte tan "cómoda en el mundo". Y a Ben Dunn, por enseñarle a Joe muchos años atrás lo fácil que es dejar que las expectativas se interpongan en el camino del amor.

A Geoff Apple, por ser el amoroso ex-esposo de Mali (sin mencionar que le otorgó un apellido genial). Geoff, este libro también es tuyo de muchas formas. A Marie Dunn, la pareja anterior de Joe, por explorar las enseñanzas de Michael Naumer con él. Marie, gracias por tu amor. Y a ambos por estar abiertos a abordar las relaciones de una manera diferente y por ser padres tan cariñosos con los hijos que compartimos.

A Chris Beyers, por demostrar el verdadero amor incondicional; ¡Gracias mamá! Y a Dick Dunn, por ser el fanático número uno de Joe. Sí papá, escribir un libro es un trabajo muy difícil.

AGRADECIMIENTOS

A Ken Keyes Jr., Richard Bach, Neale Donald Walsch, Eckhart Tolle, Caroline Myss y Byron Katie, por compartir sus conocimientos elevados con el mundo y ayudarnos a todos a conectarnos a nivel del alma. Ken, aunque no tuvimos la oportunidad de trabajar juntos como habíamos planeado, sentimos que estás con nosotros en espíritu.

A Michael Naumer, por saber que siempre hay una mejor posibilidad. A Catherine Sevenau, por mantener encendida la luz de Michael. Y a Christina Naumer (Alorah Inanna), por tu consejo transformador de "expandirse para incluir y hacer que ello contribuya".

A Anna Embree, por ser nuestra fenomenalmente inteligente, brillantemente irreverente, y eminentemente sensata editora. ¡Te adoramos!

A Kristi McCullough, por plantar hace mucho tiempo la semilla de este libro.

A Eric Harr, por creer completamente en nuestra misión cuando nadie siquiera sabía nuestros nombres.

A Diane Hart, por tu orientación y aliento durante esta "labor de amor mutuo".

A Melody Anderson, Michael DeMarchi, Jeanne Hennessy, Galen Juhl y Guy Tillotson, por asegurarse de que este libro no terminara por quedarse "sin alma". Su amor y sabiduría están reflejados en cada página.

A Laura Alavosus, Diane Knorr, Amy Zimmer, Paul Beyers, Rachel Farber, Joanne Sprott y Deborah Newton, por ofrecer parte de ustedes mismos con tanta generosidad. Jamás sabrán la enorme contribución que han hecho.

A Deanna Dudney, nuestra revisora de primera línea, por ser inquebrantablemente positiva desde la primera palabra y por recordarnos lo importante que es la intuición.

A Arnold y Emily Stoper, Susan Kay y Kevin Fox, Ken y Linda Brown, y Don y Madeline Swartz, por sus ejemplos de lo que significa estar enamorados. Al Dr. Adonis, por su análisis profesional, aunque anónimo, y por su aprobación entusiasta. A Abby Minot, por su entusiasmo ilimitado y por su genialidad a toda hora. A Karlyn Pipes-Neilsen, por ayudarnos a hacer posible lo imposible. A Dawn Marrero, por estar siempre abierta a ver una mejor posibilidad. A Hermine Terhorst, por su "sí constante". A Megan Monique Harner, por creer en nosotros sin importar qué. A Ed Tucker, por expresar siempre algo perfecto, perfectamente. A Rachel Balunsat, por demostrar el poder de la compasión. A Edyta Saltsman, por estar tan dispuesta a jugar. A Lauri Deits, por dejarnos ver por dentro el pequeño monstruo de los celos. A Avasa Love, por alentarnos con amor a hacernos cargo de nuestros dones. A Anna Grace, por ayudarnos a expresar quienes somos. A Marybeth Giefer, por mostrarnos lo que significa abrazar. A John Sawicki, por enseñar la importancia de encontrar el propio camino. A Matt Beyers, por su tolerancia-cero con los errores tipográficos.

Por la inspiración, el aliento y el apoyo generoso de varios tipos: Lis Addison, Aji, Carlos "di lo que piensas" Anderson, Walter Bachtiger (¡me encantan nuestros debates en el sauna!), Urszula "Superwoman" Balakier, Fran Bennett, Joel Beyers, Kerrin Beyers, Bert Bower, Andi Bradshaw, Laura Brewster, Sue Broadston, Matthew Brooks, Meghan Dunn Cawsey, Cathy Coe, Cassandra Coffee, Aaryn K. Coley-Gooden, Ray Coombs (¡Sí, podemos informar que hay un progreso!), René Couret, Orann Crawford, Marie DeJournette,

AGRADECIMIENTOS

Wendy DeMos, Gayla D'Gaia, Nicole Doan, Jean Dunn, Maureen Moco Dunn, Rob Dunn, Tom Dunn, Matthew Dwyer, Bill Elbring, Ryland "Mr. Love" Englehart, Trenton "¿Dónde está el amor?" Farmer, Frank Ferrante, Buzz Foote, Tobin Giblin, Al Graham, Michael Guen, John Hatem, Robert Heath, Jim Hendrickson, Katharina y Jeromy Johnson, Michael Kane, Kimi Keating, Kyle Keller, Jeff Kelly, Katie Le Normand, Tracy Lubas, Susan Marjanovic, Stacey Miceli, Arpita Ohsiek, Avida Pappas, Kelly Phu, Kiran Rana, Maile Reilly, Cosmos Rennert, Margee Robinson, Karina Rousseau, Lynn Sanchez, Nancy Sawyer, Scott "pregúntame lo que sea" Scheidt, Miles Smith, Wencil Storek, Joanie Rutman Tompkins, Nelson Young y Lizzy Ziogas.

A las amorosas almas del Café Gratitude en San Rafael por apreciar la vida y por ser el amor a cada momento.

A las muchas personas que abrieron sus corazones y compartieron sus historias íntimas, sus desafíos y sus éxitos con nosotros. Nos inspira su valentía, su voluntad para abordar las relaciones de nuevas maneras y su deseo de dejar que otros aprendan de su experiencia.

Y finalmente, a los miles de miembros y artistas que hacen su contribución en la comunidad en Facebook de The Soulmate Experience, por demostrar que el deseo y la voluntad de conectarse a nivel del alma están vivos y coleando.

¡Los amamos a todos!

Mali y Joe

Visítanos en Internet

Entra en www.TheSoulmateExperience.com para encontrar noticias sobre eventos y libros nuevos de la serie *La Experiencia del Alma Gemela*.

Únete a Nosotros en Facebook

La Experiencia del Alma Gemela es más que un libro. Es además una comunidad de personas amorosas de todo el mundo que comparten sus seres y sus experiencias y se conectan con otros a niveles más profundos y valiosos. Únete a las conversaciones inspiradoras constantes en www.Facebook.com/TheSoulmateExperience. ¿Quién sabe? ¡Podrías encontrar aquí a tu alma gemela!

"Me encanta este sitio. Me ha dado mucho más poder para ser la persona que he querido ser por un largo tiempo".

"Mis amigos de The Soulmate Experience me ayudan más de lo que ellos saben".

"Provocativo y poderoso, este sitio me ha cambiado de muchas maneras. Estoy mucho más presente, presto más atención y me conmuevo más. Además conocí a una mujer divina aquí y jamás he experimentado un amor tan profundo y lleno de sentimiento en mis cinco décadas de vida".

"Este sitio web es una bendición para mí. Es como una terapia en ciertos días y una fuente de aliento *todos* los días".

"Ésta es una comunidad de almas amorosas que se reúne aquí. Gracias por crear un lugar seguro para que nosotros exploremos nuestras expresiones llenas de sentimiento".

"¡Estoy tan feliz de haber encontrado esta comunidad! Me siento verdaderamente bendecida por encontrar nuevas amistades que me tocaron el corazón . . . una en particular . . ."

"Las personas que comparten su sabiduría, su inspiración, su verdad, sus experiencias, su esperanza y su alegría en este sitio web me ayudan todos los días. Dios no me envió un ángel guardián, me envió todo un rebaño".